Katharina Blum

KATJA RIEMANN

Mit Charme und Power

W0194674

Originalausgabe

WILHELM HEYNE VERLAG
MÜNCHEN

HEYNE FILMBIBLIOTHEK
Nr. 32/260

Herausgeber: Bernhard Matt
Redaktion: Rolf Thissen

BILDNACHWEIS

ARD 31, 59; Archiv für Filmkunde 16, 18, 22, 32, 33, 35, 39, 41, 42, 43, 46, 53, 61, 69, 77, 79, 85, 86, 88, 91, 97, 102, 105, 107, 109, 112, 115, 131, 137, 155, 159 (2), 165, 167, 172; Behrendt, R. 49; BR 93; Buena Vista 16, 78, 139, 142, 145, 149, 153; Archiv Katharina Blum 15, 20, 51, 83, 98, 101 (2), 143; dpa 76; Anneliese Heuer 185 (2) Senator 8, 13, 103, 119, 121, 123, 125, 129; Sternberg, Oda 2, 27, 180, 183; Time 96, 134; Warner 163; ZDF 37, 71, 73, 175

Umschlagfoto: Deutsche Presse-Agentur/dpa-Film, München
Rückseitenfoto: Interfoto, München
Umschlaggestaltung: Atelier Ingrid Schütz, München
Herstellung: H + G Lidl, München
Satz: Fotosatz Völkl, Puchheim
Druck und Verarbeitung: Ebner Ulm

ISBN 3-453-14056-7

Inhalt

Vorwort

Katja Riemann hat sich in den neunziger Jahren als eine der bekanntesten Schauspielerinnen in Deutschland etabliert. Man geht in einen ›Katja-Riemann-Film‹, Regisseure denken schon bei den ersten Rollenentwürfen daran, sie für die Darstellung zu gewinnen.

Sie hat mit unterschiedlichsten Regisseuren gearbeitet. Einige kommen hier zu Wort: Theodor Kotulla, Hans Noever, Bettina Woernle, Denis Satin, Rainer Kaufmann und Katja von Garnier. Sie berichten von der gemeinsamen Arbeit und den Frauengestalten, die sie spielt. Betrachtet man die Filmographie der Schauspielerin, fällt auf, daß sie immer eine sehr konsequente Rollenauswahl bei den unterschiedlichen Fernseh- und Kinoproduktionen getroffen hat.

Ganz am Anfang der Karriere von Katja Riemann stand das Theater, ein Kapitel, das sie zunächst einmal schloß, als sie sich für die Arbeit als freie Schauspielerin entschied. In diesem Zusammenhang möchte ich mich bei Heiko R. Blum bedanken, der für dieses Buch über Katja Riemanns Zeit am Theater schrieb.

Der deutsche Film hat in den letzten Jahren einen beachtlichen Aufschwung erlebt, und es waren nicht zuletzt Kinoerfolge wie *Abgeschminkt* oder *Der bewegte Mann* und *Comedian Harmonists,* in denen Katja Riemann spielte, die das Publikum mit viel Spaß gesehen hat. Der vielgerühmte ›Boom‹ ist nicht zuletzt das Verdienst einer ganzen Generation wunderbarer junger Schauspieler. Kollegen von Katja Riemann wie Jürgen Vogel, Jasmin Tabatabai, Nicolette Krebitz und Til Schweiger erzählen von der gemeinsamen Arbeit, sie erzählen von ihrer Liebe zu Katja Riemann, von der sehr angenehmen Professionalität oder einfach von dem Spaß, den man gemeinsam hatte.

Katharina Blum, Köln, im April 1998

Katja Riemann – ein Star für das deutsche Kino in dem Erfolgsfilm ›Comedian Harmonists‹

1. Das Geheimnis ihres Erfolges

Katja Riemann, ein Star für das deutsche Kino

»In einem Land ohne Stars ist Katja Riemann mittlerweile doch so etwas wie ein Star«, definierte es die *Süddeutsche Zeitung* (28.7.95) sehr treffend, als Katja Riemann 1995 in vier Filmen zu sehen war *(Küß mich!, Stadtgespräch, Nur über meine Leiche, Himmel und Hölle)*. Sie sei die »eigenwilligste Schauspielerin Deutschlands – die einzige, die immer wieder Millionen Menschen ins Kino lockt«, frohlockte der *Stern* ein Jahr später (18.4.96).

1997 wird sie immer noch als »Deutschlands Filmstar Nummer eins« (*Max*, August 97) gehandelt, und laut *FAZ* (2.10.97) ist sie »eine der wenigen deutschen Schauspielerinnen, die den Ehrentitel Star wirklich verdienen«.

»Sie hatte das Glück, in erfolgreichen Projekten mitzuspielen, sie hat dieses Glück genutzt und die Projekte durch ihre Qualität als Schauspielerin auch erst erfolgreich gemacht. So bedingt sich eins mit dem anderen. Wenn sie nicht gut gewesen wäre, wenn sie es nicht gebracht hätte beim zweiten Mal, dann wäre es nicht passiert. Da sie aber von Mal zu Mal besser und präziser und bekannter wurde, funktioniert es, und sie ist ein Star«, sagt Regisseur Denis Satin.

Mit einem sehr natürlichen Charme hat Katja Riemann das Publikum in ihren Bann gezogen:»Wäre da nicht jener klassische Zauber – jede Zuschauerin könnte eine Frau Riemann sein. Die echte Riemann auf der Leinwand ist allerdings noch schön, wenn sie blaß und unfrisiert im ältesten Schlabberpulli auf der Matratze hockt und schlechte Laune schiebt«, meint das *Sonntagsblatt* (7.7.95). Ihre Zwanglosigkeit, das Offene und Direkte, das sie ausstrahlt, machen sie zur potentiellen »besten Freundin« (ebd.) für die Zuschauerinnen. Bei männlichen Fans mag sich das schon mal so anhören wie bei dem deutschen Erfolgsproduzenten Bernd Eichinger (ebd.): »Sie sprüht vitalen Sex aus, Kraft und Energie.«

»Was einen Star nun wirklich ausmacht, das ist ganz schwer zu beschreiben. Katja hat eine extreme Präsenz, eine Präsenz in der Öffentlichkeit, aber auch eine Präsenz auf der Leinwand«, versucht Rainer Kaufmann das Geheimnis ihres Erfolges zu beschreiben. »Wenn die Kamera sie anschaut, und man hat viele Schauspieler im Bild, dann wird Katja immer deutlich zu sehen sein. Das hängt sicher mit ihrer Physiognomie zusammen, mit ihren Augen, mit ihren blonden Haaren, aber es ist auch noch etwas anderes ... Das sind ja immer so kleine Geheimnisse, es kommt aus dem Charakter heraus, aus einem Lebensgefühl, das ein Mensch hat.«

Eine Schauspielerin, die uns schon viele ihrer Seiten gezeigt hat; die mal lustig, mal charmant, versponnen oder verträumt in die Kamera blickte. »Wie ein Clownsgesicht, das liebreizend lächeln und furchtbar traurig gucken kann, wo Verführung und Verlassensein dicht beieinander wohnen – ein Gesicht für die große Leinwand.« (*prisma*, 25.6.94)

Es ist jene Kunst, mit dem Lachen Glück spürbar zu machen und einen kurzen Augenblick später so traurig dreinzuschauen, daß man meint, die Tränen schon zu spüren, die sich in ihrem Blick erst andeuten. Trotzig wie ein Kind kann sie mit den Füßen stampfen, um kurz darauf mit dem sanftesten Augenaufschlag um Versöhnung zu bitten. Unschuldig wirkt sie mit ihren blauen Augen, dem sanften Lächeln, bis zu dem Moment, in dem Verletzungen und menschliche Abgründe in ihren Augen zu sehen sind.

»Wie ein Boxer haut sie sich in ihre Szenen«, sagte einst Bernd Eichinger (zitiert in: *Focus* 44/95), und tatsächlich hat ihr Spiel immer diese unbändige Energie; es ist voll von Kraft, und man spürt selbst in ganz leisen und sanften Szenen, daß sie mit dem ganzen Körper alles gibt. Unmittelbar, direkt und doch mit jener wunderbaren schauspielerischen Leichtigkeit, die Figuren erst glaubwürdig macht.

Figuren, mit denen sich Katja Riemann innerhalb kürzester Zeit an die Spitze des deutschen Films gespielt hat. Jung, ausgelassen, sensibel bewegt sie sich als Sängerin Pauline in *Ein Mann für jede Tonart* zwischen zwei sehr unterschiedlichen Männern und der Musik. Unabhängig und modern erscheint sie als Frenzy in *Abgeschminkt*, die sich ihr Geld als Comic-Zeichnerin verdient; und versucht schließlich als erfolgreiche

Radiomoderatorin Monika in *Stadtgespräch* ihrem Singledasein ein Ende zu machen, ohne ihre Eigenständigkeit aufzugeben.

Drei Filme, drei Frauen, drei Schicksale. Gemeinsam sind ihnen die neunziger Jahre, die berufliche Unabhängigkeit, ein gewisser Hang zur Kreativität, der Beziehungsstreß, das Mann-Frau-Dilemma – vielleicht passen ja Männer und Frauen doch nicht zusammen? Mit charmantem und trockenem Humor verzaubert Katja Riemann in diesen Filmkomödien das Publikum, und spätestens seit ihrer Darstellung in Sönke Wortmanns Erfolgskomödie *Der bewegte Mann* zählt sie zu den beliebtesten deutschen Schauspielerinnen.

»Der Erfolg der deutschen Filmkomödien in den vergangenen Jahren ist vor allem mit ihrem Namen verknüpft« (*FAZ*, 2.10.97) – und nicht nur der der Komödien, denn es geht um sehr viel mehr. »Hier in Deutschland haben wir die Chance, etwas aufzubauen, eine Filmlandschaft entstehen zu lassen. Und wenn ich dazu beitragen kann, dann ist das für mich Aufgabe und Herausforderung genug.« (KR in: *Kölner Illustrierte* 9/95) Eine Aufgabe, die Katja Riemann verfolgt, ohne sich von dem Trend (dem Trend der Filmkritik wohlgemerkt, nicht des Publikums) beirren zu lassen, deutschen Filmen von vornherein keine Chance einzuräumen und sie niederzuschreiben (Ausnahmen bestätigen die Regel).

In der Filmographie von Katja Riemann spiegeln sich Stationen der jüngsten deutschen Filmgeschichte wider. Sie wirkte in den Komödien mit, die die Zuschauer wieder in großen Massen ins Kino lockten, die das Vertrauen des Publikums in Filme mit dem Qualitätssiegel ›deutsch‹ wiederhergestellt haben. Ein Vertrauen, das es möglich gemacht hat, andere Genres zu bedienen und aus dem komödiantischen Fahrwasser herauszuschwimmen, um Neues auszuprobieren.

Nach ihren ersten großen Komödienerfolgen hat Katja Riemann immer auch mit solchen Regisseuren zusammengearbeitet, die noch keinen großen Namen hatten oder haben und die es früh wagten, sich mit ihren Filmen in anderen Genres als dem der Komödie zu bewegen. Sie hat sich von den guten Ideen und von den guten Büchern überzeugen lassen und fand gerade in diesen Filmen oftmals Gelegenheit, Seiten von sich auszuspielen, die sie in ihren bisherigen Filmen bereits angedeutet hat. Als schüchternes Mauerblümchen Rita in *Nur über meine Leiche* von Rainer Matsutani, als lebenstüchtige Taxifahrerin Ella in *Nur aus Liebe* von Denis Satin und nicht zuletzt in dem TV-Spiel *Himmel und Hölle* von Hans-Christian Schmid, in dem sie die eher zurückhaltende Rolle einer jungen Mutter spielt, die ihr Kind aus den Klauen einer Sekte rettet.

Auch die Komödie *Abgeschminkt* war das Projekt einer ›No-Name‹-Regisseurin: Als Katja Riemann sich mit Katja von Garnier zusammentat, um den Film zu realisieren, hatte sie es mit einer unbekannten Studentin der Münchner Hochschule für Film und Fernsehwissenschaft zu tun. Das Drehbuch überzeugte Katja Riemann, und sie sagte zu. Vier Jahre später drehten die beiden Powerfrauen ihren zweiten gemeinsamen Film: *Bandits*. Katja Riemann erstaunte ihr Publikum nicht nur durch das gelungene Schlagzeugspiel, das sie sich für ihre Darstellung aneignete, sondern auch durch ein Spiel, das so viel härter und zurückgezogener war, als wir es bisher von ihr kannten.

Von einer anderen Seite zeigt sich Katja Riemann 1997 auch in dem Film *Die Apothekerin*. In dieser schwarzen Komödie, die Abgründe und Tiefen bürgerlicher Seelen erforscht, spielt sie die Titelrolle. Der Film greift nicht nur für den deutschen Film neue Themen auf, sondern er ermöglicht es Katja Riemann, ihrer Darstellung jene unbeweglichen und undurchdringlichen Züge zu verleihen, die es für wirklich großes Kino so dringend braucht. Züge, die Nahaufnahmen erst spannend machen und die immer einen Teil ihres Geheimnisses für sich bewahren.

Einen genauso ›schimmernden‹ wie brillanten Höhepunkt dieser ›Neuen Katja-Riemann‹-Filme bildet ihre Darstellung in *Comedian Harmonists* von Joseph Vilsmaier: Hier spielt sie die Geliebte und spätere Frau von Roman Cycowski (eine glänzende Darstellung von Heino Ferch). Mary ist Tänzerin, und als sie Roman Cycowski zum erstenmal sieht, ist es Liebe auf den ersten Blick. Bald schon werden die beiden ein unzertrennliches Paar, Mary wechselt Roman zuliebe sogar

Mit Filmehemann Roman Cykowski alias Heino Ferch: Katja Riemann als Mary in Joseph Vilsmaiers ›Comedian Harmonists‹

ihren Glauben. Die jüdische Hochzeit kann mit Recht als »szenisches Prunkstück« (*FAZ*, 23.12.97) des Films bezeichnet werden, die Musik, der Tanz, die glamouröse Ausstattung, die Schönheit von Mary, die ›liebenswerte und anmutige‹ Darstellung von Katja Riemann, ein Fest für die Augen, ein Rausch. »Ich denke, in dieser Rolle kann und sollte man nicht nur durch außergewöhnliche Schauspielerei überzeugen, sondern auch durch gutes Make-up und wunderbare Kostüme. Wenn ich ein kleines bißchen Glamour über ihren werten Häuptern verstreut haben sollte und ihnen Lust aufs Tanzen gemacht habe, dann habe ich mein Ziel erreicht.« (KR, in: Presseheft *Comedian Harmonists*)

Die Karriere von Katja Riemann zu verfolgen kann jedoch

nicht bedeuten, den Blick lediglich auf das Kino zu wenden. Im Gegenteil, sie hat immer auch sehr anspruchsvolle Fernsehspiele gemacht, in denen sie ihre schauspielerische Spannweite unter Beweis stellen konnte. Angefangen hat alles mit der wunderbaren Chance, ganz zu Beginn ihrer Karriere unter der Regie von Peter Beauvais die Hauptrolle in dem Film *Sommer in Lesmona* zu spielen. Der Figur der Marga, Tochter eines Großkaufmanns um die Jahrhundertwende, verleiht Katja Riemann jene Natürlichkeit, Frische und Jugend, die ihre Darstellung so überzeugend macht. Auch die nächste Fernsehrolle von Katja Riemann ist eine historische Figur: In Bernd Fischerauers Nachkriegsdrama *Regina auf den Stufen* ermöglicht ihre Darstellung einen Blick auf das Einzelschicksal einer Frau, die in ihrem Wunsch nach Liebe und beruflicher Erfüllung sehr modern wirkt.

Besonders hervorzuheben sind solche Filme, in denen Katja Riemann undurchsichtige, vielschichtige Charaktere spielt. (Frauen, die nicht selten schwere seelische Verletzungen erlitten haben, die aber niemals daran zugrunde gehen, sondern eine ungeheure Kraft daraus ziehen.) Katja Riemann findet dabei eine ganz eigene Interpretation dieser Frauenfiguren.

Als Hans Noever ihr 1989 die Rolle der nach außen coolen und unerreichbaren Katja in dem Schimanski-Tatort *Katjas Schweigen* gab, da erkannte er sehr früh Katja Riemanns Fähigkeit, unter dem äußeren Verhalten einer Figur deren – oftmals entgegengesetzte – innere Regungen und Emotionen offenzulegen. Drei Jahre später gibt ihr Theodor Kotulla in *Von Gewalt keine Rede* die Gelegenheit, ein sehr zurückhaltendes Spiel als Opfer einer Vergewaltigung zu entfalten. Gefangen zwischen Schuldgefühlen und wahnsinniger Wut, zwischen dem Wunsch auszusprechen und dem Verlangen zu vergessen. In dem *Polizeiruf-110*-Krimi *Blue Dream* von 1993 spielt sie unter der Regie von Bodo Fürneisen und gibt einen Einblick in das bewegte Seelenleben einer Figur, die einerseits den Wunsch hegt, ein neues Leben anzufangen, und andererseits in den alten Strukturen gefangen bleibt. Als Kommissarin Kim Osswald in Matti Geschonnecks *Angst hat eine kalte Hand* von 1996 spielt sie die Distanziertheit der Figur aus und macht gleichzeitig deren große Einsamkeit spürbar.

Ein Star, der vom Publikum aufgebaut wurde, eine wunderbare Kollegin, eine sehr professionelle Schauspielerin – Schauspielerkollegen und Regisseure über Katja Riemann

»Katja Riemann ist ein Star, der vom Publikum aufgebaut wurde … und nicht künstlich hochgepuscht worden ist. Das Publikum hat gesagt, wir wollen die Katja Riemann, die mögen wir. Das finde ich extrem wichtig, wenn man nach den Gründen für ihren Erfolg sucht«, betont Til Schweiger, einer der männlichen Stars des deutschen Kinos. »Irgend jemand hat auch mal geschrieben, daß man fast in jedem Fall die Katja Riemann sehen würde, um dann später darauf hinzuweisen, daß irgendein anderer Film ›garantiert Katja-Riemann-frei‹ sei. Darüber habe ich mich so geärgert. Einerseits sagen immer alle, wir brauchen Stars, und dann gehen sie hin und hau-

Til Schweiger

15

en wieder drauf. Ich persönlich halte Katja Riemann für eine wirklich gute Schauspielerin, sie hat eine Präzision und einen Rhythmus, den kaum eine deutsche Schauspielerin aufweisen kann.«   (Til Schweiger)

Aber nicht nur Til Schweiger weist auf die schauspielerischen Fähigkeiten von Katja Riemann hin, auch Schauspielerkollegen wie Jasmin Tabatabai, Jürgen Vogel, Kollegen, Freunde, die mit Katja zusammengearbeitet haben, schwärmen von ihrer Professionalität und vor allem von einer hervorragenden Zusammenarbeit. Regisseure wie Rainer Kaufmann, der bereits mehr als einmal mit ihr zusammengearbeitet hat, Joseph Vilsmaier, Theodor Kotulla, Bettina Woernle und Hans Noever weisen auf ihre Persönlichkeit, auf ihre Sensibilität und ihre Stärke hin, die sie bei Dreharbeiten fasziniert hat.
»Ich liebe Katja, sie ist eine tolle Kollegin. Sie ist der größte

Jasmin Tabatabai

Star unter den Frauen in Deutschland von unserer Generation, und dann kommen wir, so junge Schauspieler, die zwar ein bißchen, aber lange nicht dieselbe Erfahrung haben wie sie, und sie hält sich letztendlich so zurück in diesem Film, und uns läßt sie einfach sein. Wie sie mit uns mitspielt und sich in dieses Ensemble eingliedert, davon kann sich jeder eine Scheibe abschneiden. Und ich hatte nie das Gefühl, daß es für sie zum Thema gehört, daß sie Katja Riemann ist. Völlig gleichberechtigt. Und eine Sache möchte ich von ihr lernen: Es ist bewundernswert, ihr zuzugucken, wie sie noch brennt. Nach all den Erfolgen, nach all den Preisen, nach all dem, was sie schon erreicht hat, brennt diese Frau wie wahnsinnig. Sie möchte alles immer so gut es geht machen. Kompromißlos. Die schenkt sich nichts, und das habe ich mir vorgenommen, daß ich versuche, immer so zu sein. Das ist toll. Das Wort Demut ist ja groß und ein bißchen pathetisch, aber desto mehr man weiterkommt in diesem Beruf, desto demütiger wird man. Also desto ernsthafter man es betreibt, um so mehr Grenzen man schon überschritten hat und an andere rangekommen ist, desto demütiger wird man und desto mehr Respekt hat man davor, was es heißt, über Jahre hin eine gute Leistung zu bringen.« (Jasmin Tabatabai)

»Idealer als die Dreharbeiten zu *Die Apothekerin* gelaufen sind, kann es einfach gar nicht laufen, daß man bestimmte Szenen, die lustig sind, bestimmte Szenen, die ernst sind, die erotisch sind oder so, ohne jegliche Probleme hinbekommt, ohne irgendwelche Negativ-Spannungen, so etwas ist total selten. Ich meine, ich habe jetzt nie wirklich Pech gehabt mit meinen Partnerinnen, aber das war super unkompliziert, super produktiv, kreativ, lustig, locker und trotzdem konzentriert, die Konzentration hat nie darunter gelitten. So etwas kann man sich echt nur wünschen, finde ich. Insofern war das für mich einfach eine klasse Zusammenarbeit mit ihr.

(Jürgen Vogel)

»Ich habe ja die Katja in einer solchen Rolle wie in *Comedian Harmonists* noch nie gesehen, und ich finde sie einfach wunderbar. Vielleicht hat sie eine Weile zuviel gemacht, ich

Jürgen Vogel

weiß es nicht, aber ich halte sie für eine ganz großartige Schauspielerin.« (Joseph Vilsmaier)

»Wenn man jemanden für eine Rolle besetzt, der noch nicht so viel gemacht hat und der dann etwas spielen muß, das etwas von dem abweicht, was er vorher gemacht hat, ist es natürlich immer ein gewisses Risiko. Wenn du einen Fehlgriff getan hast, dann kannst du noch solche Tänze aufführen, dann geht es nicht. Die Entscheidung fällt schon mit der Besetzung: Wenn du einen guten Griff getan hast, dann läuft es toll, und wenn du einen schlechten Griff getan hast, dann läuft es nicht. Aber ich habe mit Katja Riemann für die Rolle der ›Nele‹ in *Von Gewalt keine Rede* den absolut richtigen Riecher gehabt. Ich habe eine relativ unbekannte junge Schauspielerin in einer schwierigen Rolle besetzt, und das hat wirklich funktioniert. Sie konnte zeigen, daß sie Dinge draufhat, die sie bisher noch nicht so zeigen konnte, daß sie zu viel mehr in der Lage ist. Heute freue ich mich natürlich über ihre Entwicklung, über ihren Erfolg. Es ist schön zu sehen, daß es für jemand, von dem man etwas hält und dem man eine Chance gegeben hat, weitergegangen ist. Katja Riemanns großer Erfolg, das ist ihr Können, und sie ist auch jemand, der Ausstrahlung hat. Für einen Schauspieler ist es ja wichtig, daß irgend etwas runterkommt von der Leinwand, daß er eine Präsenz hat, und das hat sie natürlich in hohem Maße.«

(Theodor Kotulla)

»Katja hat eine Riesenbegabung, die allerdings nicht immer genutzt wird. Sie hat die Begabung des doppelten Bodens, und sie hat dieses Geheimnis. Sie ist so eine Ganzkörperschauspielerin, sie hat eine physische Anwesenheit, die bis zur Fußspitze reicht, und die hat etwas mit dem Geheimnis zu tun, mit dem, was man nicht öffentlich erzählt für die Leinwand. Man muß immer aufpassen, daß es einem gelingt, dieses Geheimnis zu bewahren. Ich habe das ernst genommen, was ich bei ihr gesehen und gespürt habe, und dann gesehen, wie das mit der Rolle übereinstimmt, und ich habe gedacht, das ist doch ein tolles Mädchen. Auch wenn ich finde, daß sie heute oft zu eindimensional eingesetzt ist. Ich glaube, sie ist in vielen Rollen mißbraucht worden, und man hat ihr etwas von dem Geheimnis, von der Präsenz, die sie hat, genommen.«

(Hans Noever)

»Katja Riemann ist sicher eine Schauspielerin, die bleibt. Ich finde das gut, wenn wir hier ein Startum aufbauen. Ich habe die Franzosen seit Jahren beneidet, wie die das machen. In jeder Frauenzeitschrift findet sich eine qualifizierte, interessante Berichterstattung. Warum sollte man das hier nicht schaffen? Aber Star hin oder her, für mich ist immer am wichtigsten, was rauskommt und daß man menschlich okay bleibt.«

(Bettina Woernle)

»Das ist das Gute an Katja. Sie hat eine Ausstrahlung, die meiner Ansicht nach in jede Richtung zu entfalten ist. Sie kann sowohl verhalten, zurückgezogen und unterdrückt sein

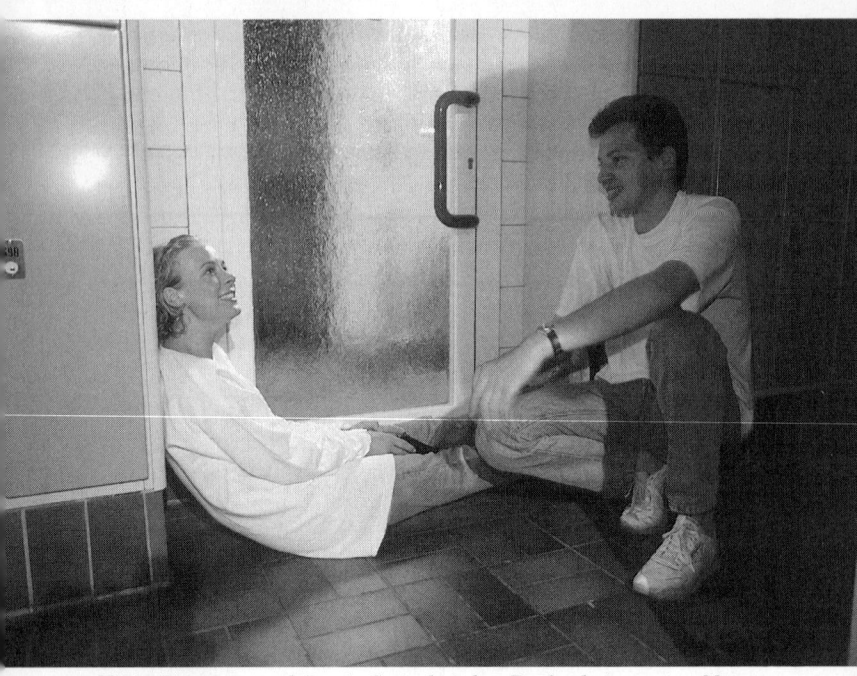

Katja Riemann und Denis Satin bei den Dreharbeiten von ›Nur aus Liebe‹

als auch die Heroin, die Auftrumpfende, die Macherin. Es ist jetzt nicht so, daß sich ihre Physiognomie eindeutig zuordnen läßt, so nach dem Motto, das ist immer die coole Hausfrau, das ist immer die Coole. Mit der Katja kann man wirklich so gut wie jede Rolle besetzen, weil sie sie ausfüllen kann. Und der Zuschauer hat sie inzwischen auch schon in vielen Rollen akzeptiert. Sie überrascht immer wieder aufs neue, wenn man sie auf der Leinwand sieht. Sie wird in meinen Augen auch immer schöner, sie ist wirklich eine wunderschöne Frau. Und ich freue mich, wenn sie gut fotografiert ist, wenn sie ein gutes Make-up hat, wenn sie ein gutes Kostüm hat. Ich sehe ihr gerne zu beim Spielen.« (Denis Satin)

»Mit dem Lieben von Stars tun wir uns noch schwer in Deutschland, das hängt sicher auch mit unserem deutschen

Charakter zusammen, wir sind ja nicht unbedingt so die Emotionalen, Extrovertierten. Ich glaube einfach, daß es hier in Deutschland zur Zeit einige Schauspieler gibt, die zu Stars werden, junge Schauspieler, so um die Dreißig. Das muß man unbedingt fördern. Man muß dem Publikum das auch näherbringen, was das für eine Leistung ist, die die Schauspieler bringen. Man kann sich das ganz schwer vorstellen, wie das ist, wenn ein Schauspieler eine Großaufnahme hat. Es gibt in der *Apothekerin* so eine Szene, wo Jürgen den Giftmord plant und sie einweiht. Da ist das Gesicht so groß, es ist an der Stirn und am Kinn angeschnitten. Was man da alles sehen kann auf einem Gesicht, das auszuhalten und sich trotzdem gehenzulassen, das ist ein wahnsinniger Streß, das kann man sich wirklich nur ganz schwer vorstellen. Es geht darum, Angst und Scham zu überwinden, gegen den Genuß zu spielen steht immer die Angst zu versagen. Bei Katja Riemann kommt hinzu, daß sie sich extrem vorbereitet auf einen Film. Sie ist in einem positiven Sinne sehr ehrgeizig, überhaupt kein Kollegenschwein, sondern nimmt die Sachen, die sie tut, sehr ernst. Und das ist für einen Regisseur eine wunderschöne Sache, mit so jemandem zu arbeiten. Was mich sehr erstaunt, ist, wie sehr sie auch eine negative Wirkung bei anderen Menschen auslösen kann. Daß Leute extrem von ihr genervt sind, daß sie sich über sie aufregen. Aber wahrscheinlich gehört das zu einem Star dazu, es gibt einfach Leute, die lieben Tom Cruise, und es gibt Leute, die hassen ihn. Das ist aber etwas, damit kann sie sich ganz schlecht abfinden. Ich glaube, das gehört zum Starsein dazu.« (Rainer Kaufmann)

Persönlicher und schauspielerischer Werdegang

Katja Riemann wurde 1963 in Kirchweyhe bei Bremen geboren. Sie studierte von 1984 bis 1986 Tanzpädagogik in Hamburg, wurde sich aber schnell darüber klar, daß es nicht das ist, was sie möchte. Sie ging als Hospitantin an das Westfälische Landestheater in Castrop-Rauxel, und sie entschied sich, Schauspielerin zu werden.

Bei der Aufnahmeprüfung an der Schauspielschule in Hamburg wird sie abgelehnt, ›zuwenig phantasiebegabt‹. In Hannover hat sie mehr Erfolg, und sie beginnt ein Studium. Bald schon wechselt sie jedoch auf die Otto-Falckenberg-Schule in München, wo sie 1987 ihr Diplom macht. Schon während ihrer Ausbildung hatte sie an den Münchner Kammerspielen Theater gespielt, und nach ihrem Diplom wurde sie für zwei Jahre verpflichtet. Noch während der Ausbildung wird sie von Peter Beauvais für den TV-Mehrteiler *Sommer in Lesmona* engagiert. Das ist ihre erste Rolle, die ihr 1988 den Grimme-Preis einbringt.

Privat lebt Katja Riemann mit dem Schauspieler Peter Sattmann zusammen. Sie haben eine gemeinsame Tochter, Paula.

Katja Riemann in Denis Satins ›Nur aus Liebe‹

Über ihren persönlichen und schauspielerischen Werdegang hat Katja Riemann folgendes zu sagen: »... ich wurde geboren, geliebt von meiner Mutter, erzogen vom Dasein, belehrt von Lehrern, dirigiert von Intendanten, engagiert von Freunden, vom Leben beschenkt durch unsere Tochter Paula und zuletzt herausgefordert von Emma Moor. Anders ausgedrückt: Ich machte Abitur, dann studierte ich Tanz in Hamburg, Schauspielerei in Hannover und München, arbeitete sieben Jahre an Theatern in Castrop-Rauxel, München und Berlin, bis ich schließlich 1993 alleiniger Chef über mein Leben und meine Rollen wurde, und somit freiberuflich. Dadurch entfiel das Theater. Leider ...

Peter Beauvais durfte ich noch kennenlernen, unser gemeinsamer Film fürs Fernsehen war mein erster und sein letzter. Er hieß *Sommer in Lesmona*. Bernd Fischerauer drehte, ebenfalls fürs Fernsehen, mit mir *Regina*, und darum blieb ich Schauspielerin, statt Tischler zu werden. Mit dem Eintritt in die Kinowelt begegneten mir meine heutigen Freunde, die Familie. Menschen, bei denen die Chemie stimmt, ähnliche Visionen und gemeinsamer Humor vorhanden sind, Besessenheit in der Vorbereitung und die passionierte Lust während des Drehens. Ein Familienmitglied ist Katja von Garnier, die ich bei *Abgeschminkt* kennen- und liebenlernte. Durch *Bandits* erfuhr unsere Arbeit endlich Kontinuität, was ein ungeheures Privileg und eine ungemeine Arbeitserleichterung ist.« (Katja Riemann im Presseheft zu *Bandits*)

2. Katja Riemann und das Theater

Von Heiko R. Blum

Schauspielerei, das bedeutet vor allem Theater. Davon ist Katja Riemann in ihren Anfängen überzeugt. Sie arbeitet mit dem wunderbaren Theaterregisseur Peter Beauvais und dem Autor Reinhard Baumgart zusammen. *Sommer in Lesmona* ist zwar ein Fernsehfilm, aber was für eine Arbeit! Es geht um die autobiographische Geschichte einer Schriftstellerin, inszeniert mit vielen hervorragenden Schauspielern und untermalt mit der Musik von Herbert Grönemeyer. Sicher hätte Beauvais, der Talententdecker, seine Hauptdarstellerin, von der er begeistert war, auch auf der Bühne eingesetzt. Doch Beauvais stirbt, bevor er den Erfolg von Katja Riemann miterleben kann. Autor Reinhard Baumgart empfiehlt sie an den prominenten Bühnenregisseur Dieter Dorn.

Es sind hoffnungsvolle Zeiten für Katja Riemann, damals 1987 an den Münchner Kammerspielen. Dieter Dorn inszeniert den *Faust* mit Helmut Griem und Romuald Peckny. Das ist Katja Riemanns erstes Bühnenengagement. Sie spielt nur eine kleine Rolle, ein Bürgermädchen, aber sie ist dabei und hofft auf eine Chance. Ihr Mentor Reinhard Baumgart, überzeugt von ihrem schauspielerischen Talent, bestätigt sie in der Hoffnung. Doch bei Dorn spielt auch Sunnyi Melles, und sie ist ein ähnlicher Typ wie Katja Riemann. Dadurch ist es für sie schwierig, eine wirklich geeignete Rolle zu bekommen.

Katja springt in der *Phädra*-Inszenierung von Alexander Lang als Ismene ein. Lang hat offensichtlich einen guten Blick für die talentierte Jung-Schauspielerin, denn er wird sich an sie erinnern, als er später am Schiller-Theater in Berlin arbeitet. Doch noch ist Katja Riemann in München und hofft auf eine Chance. Sie kann als Galy Galys Frau in Günther Gerstners Inszenierung von Bertolt Brechts *Mann ist Mann* einspringen, doch auch das ist nicht die Erfüllung. Und vor allem: Solche Rollen-Übernahmen bemerkt nur das Publikum, die Presse nimmt davon nicht Notiz, der Name Katja Riemann taucht nicht auf. Und noch ist sie ja in Kino und Fernsehen nicht so präsent, daß man nicht an ihr vorbei kann.

Dann studiert Volker Schlöndorff an den Kammerspielen einen Heinrich-Böll-Stoff ein. *Frauen vor Flußlandschaft* heißt die Kollage, die gemeinsam mit Florian Hopf dramatisiert wird. Die Musik komponiert Hans Werner Henze. »Die Arbeit mit Schlöndorff war für mich von großer Wichtigkeit«, sagt Katja Riemann später. Volker Schlöndorff ist zwar vorwiegend Filmregisseur, doch er arbeitet immer auch gerne am Theater, inszeniert Opern oder Stücke. Mit Heinrich Böll hat sich Schlöndorff seit der gemeinsamen Arbeit an dem Film *Die verlorene Ehre der Katharina Blum* (1975) immer wieder beschäftigt, und der Kölner Schriftsteller arbeitet noch 1983 mit an *Krieg und Frieden*, Kluges und Schlöndorffs filmischer Zeitchronik.

An die Zusammenarbeit mit Katja Riemann erinnert sich Schlöndorff heute noch sehr gut: »Ich habe sehr gerne mit ihr zusammengearbeitet. Auch später, als ich *Homo Faber* vorbereitete [Schlöndorff inszeniert die Max-Frisch-Verfilmung 1991], habe ich mit ihr Probeaufnahmen gemacht. Ich wollte sie gerne besetzen, aber in die Personenkonstellation paßte sie altersmäßig nicht hinein. Das habe ich bedauert. Ich erinnere mich daran, daß ich ihr bei der Arbeit in den Kammerspielen geraten hatte, ihr Engagement zu kündigen. Ich habe sie auf den oberen Rang geführt und ihr gezeigt, wieviel man da von einem Gesichtsausdruck auf der Bühne sehen kann. Sie hatte schon damals einen sehr intensiven Gesichtsausdruck, sie war ein Typ für die Leinwand: ein tolles Gesicht, eine tolle Körpersprache, sehr präsent. Sie soll wieder Theater spielen, aber nicht in einem Ensemble. Da geht so ein Talent unter. Mit dem Selbstbewußtsein, das Katja Riemann heute an den Tag legt, würde sich das bei einer Bühnenarbeit auszahlen.« (6.3.98)

Über die Böll-Inszenierung *Frauen vor Flußlandschaft* schreibt Peter von Becker in der *Zeit* (29.1.88): »Über die Bühne ziehen scharenweise die Schwarzweißfiguren, frackbehängte Popanze, denen auch noch der letzte *Spiegel* absichtsvoll aus der Manteltasche lugt. Mit politischem Theater oder gar mit heutiger Politik hat das noch wenig zu tun. Es sind die Schatten der Figuren aus Bölls und der Republik Gründerjahren: ein Nachkriegsdeutschland der Adenauer-Zeit, ein Geisterbonn und Gruselkabinett, voller Globkes und Oberländers, ein Land im kalten Krieg, ohne wirksame Opposition, nicht regiert, aber wie es heißt, beherrscht von Bankiers, die Kapspeter statt Pferdmenges heißen und von denen einige – da ist Böll wieder ganz wirklichkeitsnah – nicht nur mächtiger, sondern auch musischer sind als gemeinhin die Bonner Politiker. Sie alle aber bleiben die Staffage des Abends, vordergründig noch als Hintergründige.«

Die Lore Schmitz bei Schlöndorff, die Katja Riemann spielt, ist keine große Rolle. Sie ist Teil des Ensembles, das angeführt wird von Doris Schade als Gattin eines halbskrupulösen Politbeamten, den Klaus Schwarzkopf spielt. Des weiteren sieht man Cornelia Froboess, Jennifer Minetti, Irene Clarin und Edgar Selge. August Zirner, der spätere Kollege in den Filmen *Von Gewalt ist keine Rede* und *Stadtgespräch*, ist auch bei der Böll-Inszenierung dabei. Überhaupt sind an den Kammerspielen wie später auch am Schiller-Theater die neuen Stars des deutschen Films schon zu sehen. Axel Milberg etwa, der in Dorns *Faust* den Wagner spielt, und Andrea Sawatzki, die in *Faust* eine kleine Rolle hat; in Berlin sind es Heino Ferch und Ulrich Noethen.

Zwei Botho-Strauß-Stücke an den Kammerspielen und im Werkraumtheater folgen noch, doch das schauspielerische Potential von Katja Riemann bleibt verhüllt. Das ist schon eine Enttäuschung. Katja Riemanns Ruf ans Schiller-Theater kommt im rechten Moment. Das Vierer-Team der Intendanz ist eine Hoffnung im vereinten Berlin: Alfred Kirchner, Alexander Lang, Vera Sturm und Volkmar Clauß (der aus Kiel dazustößt). In Alexander Langs Schiller-Inszenierung *Die Räuber* ist Katja Riemann dabei.

Doch die Rolle der Amalie gibt ihr keinen großen Spielraum: »Die Amalie ist die Undankbarkeit in Person. Ich habe mich da irre bemüht, und das ist eine ganz schöne Sache geworden, aber das ist keine Rolle, wo man sich wenigstens mal profilieren kann – und das würde ich schon noch gern mal im Theater wenigstens versuchen.«

Günther Gerstner gibt ihr die neckische Rolle der Tutti in Ar-

Katja Riemann und Manfred Zapatka während der Proben zu Heinrich Bölls ›Frauen vor Flußlandschaft‹, inszeniert von Volker Schlöndorff

nolds und Bachs Volksstück *Weekend im Paradies.* Er hat sie aus Brechts *Mann ist Mann* an den Kammerspielen als Zweitbesetzung in Erinnerung. Dann kommt eine Uraufführung, das Stück *Nacht* von Reiner Groß. Alexander Lang inszeniert es, doch die Rolle für Katja Riemann ist weder groß noch ergiebig. Da bringt die Sidonie Knobbe in Alfred Kirchners Inszenierung von Gerhart Hauptmanns *Die Ratten* schon mehr Profil. Doch am Schiller-Theater munkelt man vom nahen Ende; es gibt dort keine Zukunft, so hoffnungsvoll sich auch alles anließ.

Bei *Bandits* fällt mir angesichts der großartigen Bühnendarstellerin Jutta Hoffmann noch einmal das Mädchen aus den

Bagatellen *Sieben Türen* von Botho Strauß aus dem Münchner Werkraumtheater ein. Katja Riemann stand da neben Heinz Bennent, Cornelia Froboess und Axel Milberg auf der Bühne. *Auf der langen Bank* hieß der letzte Sketch, und es war gewiß eine Banalität. Doch es war auch ein Versprechen, eine Hoffnung – wie sich Kollegen von damals erinnern. Bei der Promotion-Tour von *Bandits* denke ich daran, wie bedauerlich es ist, daß Katja Riemann nicht mehr auf der Bühne steht.

Sie sagt dazu: »Ich kriege leider keine Angebote. Das Problem mit den Stars und den Stadttheatern ist, daß man dort keinen Etat für Gäste hat. Zu Recht sagen natürlich die Intendanten, dann stehen drei Mädchen oder Frauen vor der Tür und fragen: Warum spiele ich die Rolle nicht? Bleibt nur das Tourneetheater, und so weit bin ich ja noch nicht, daß ich das schaffe: so in drei Wochen das *Käthchen von Heilbronn* zu probieren und dann sechzigmal in der Provinz in umgebauten Schulsälen zu spielen. Dafür habe ich noch zuviel Anspruch ans Theater. Und dann habe ich am Theater ja auch noch so einen Hinkefuß, denn ich habe mich doch nie so richtig bewiesen. Ich war mal sehr unglücklich am Theater, die Konstellationen waren von der Voraussetzung nie so günstig wie bei den Filmen, die ich gedreht habe.

Da ist noch eine Rechnung für mich offen, ich muß da noch einmal etwas versuchen, bevor ich den Deckel endgültig draufmache aufs Theater. Es gab immer mal wieder Angebote, aber die scheiterten dann an Gastetats oder an anderem. Ich hatte auch ein sehr schönes Angebot in Zürich, aber ich habe mich dagegen entschieden: Es war nicht mein Stück, nicht meine Rolle. Also wenn ich wieder Theater mache, freiberuflich, dann will ich auch wirklich eine Rolle, bei der ich sage: Na endlich! Ich möchte schon noch einmal spielen, möchte es versuchen. Für das *Käthchen von Heilbronn*, das ich irrsinnig gerne gespielt hätte, bin ich ja – glaube ich – inzwischen zu alt.«

3. Fernsehfilme: Marga, Katja, Nele, Kim – Zwischen jugendlicher Lebenslust und schweren Schicksalsschlägen

Mit Interviewauszügen von Theodor Kotulla, Hans Noever und Bettina Woernle

Katja Riemann hat Fernsehauftritte sehr gezielt genutzt. Sie hat sich niemals verbraucht, hat ihr Können sparsam für sehr bewußt ausgewählte Darstellungen im Fernsehen eingesetzt. Betrachtet man die verschiedenen Rollen von Katja Riemann, so geht es auch weniger um eine Unterscheidung zwischen Fernsehen und Kino als darum, die Verschiedenheit der Charaktere zu beleuchten, die sie darstellt. Es geht darum, den Nachweis zu führen, inwiefern Filme aus ganz unterschiedlichen Stationen der Laufbahn von Katja Riemann ihre spielerische Spannweite aufzeigen.

Historische Frauenfiguren

Katja Riemann ist um die Zweiundzwanzig, als sie bei dem großen Bühnen- und Fernsehregisseur Peter Beauvais vorspricht und geradewegs von der Otto-Falckenberg-Schule in München für den Film *Sommer in Lesmona* besetzt wird. Eine Geschichte, die auf Briefen beruht, die eine hanseatische Großkaufmannstochter zwischen 1893 und 1896 an eine Freundin geschrieben hat und die sie vierundvierzig Jahre später unter dem Pseudonym Marga Berck veröffentlichte. »Zeugnisse der Jahrhundertwende, die ebenso anrührend sind wie bezeichnend. Eine Liebe, eine Ehe, nicht unbedingt Synonyme, damals noch weniger als heute.« (H. D. Seidel in: *FAZ*, 16.9.88)
Die Arbeit mit Regisseur Peter Beauvais stellt für Katja Riemann eine wunderbare Einführung in die Filmarbeit dar: »Ein Schauspieler-Regisseur, der sich für mich viel Zeit genommen hat, der mit mir jede Szene, jede Figur besprochen hat. Auch noch nach Drehschluß.« (KR in: *Stern*, 30.8.89)

Eine besonders schöne Arbeitsbedingung und eine Ausnahme, denn Zeit ist gerade beim Fernsehen oft Mangelware, aber eben nicht immer. Und auch wenn ihr die Kollegen prophezeien, daß sie nie wieder solche Arbeitsbedingungen finden würde, gibt Katja Riemann den Glauben an eine intensive menschliche und berufliche Zusammenarbeit nicht auf und ist weiterhin auf der Suche »nach einer Arbeitsweise und Menschen, die mir schauspielerisch helfen, mir meine Freiräume geben.« (ebd.)

Die Dreharbeiten zu *Sommer in Lesmona* stehen am Anfang einer wunderbaren Karriere und nehmen schon deswegen einen besonderen Platz ein im Schaffen der jungen Schauspielerin. Ihren späteren Erfolg kann Regisseur Peter Beauvais nicht mehr miterleben, er stirbt 1986. »Er konnte uns jungen Schauspielern menschlich und beruflich sehr viel geben. Liebevoll führte er mich, die total unerfahrene Schauspielerin, durch die Rolle. Alles, was ich bin, verdanke ich ihm.« (KR in: *TV Hören und Sehen*, 2.9.88)

Wie liebevoll er sie durch diese nicht einfache Rolle geführt haben muß, zeigt die Darstellung der Marga nur allzu deutlich. Mit einer Mischung aus Romantik, jungmädchenhaftem Charme und einer auf ihre Art naiven und unschuldigen Lebensfreude verkörpert sie die Figur. Bei der Verleihung des Adolf-Grimme-Preises für ihre Rolle der Marga wird die »klischeelose Verkörperung der Hauptrolle« besonders gewürdigt.

Es ist Sommer, und die gutbürgerlichen Bremer Familien fahren an die See, um sich zu erholen. Nur mit Marga scheint es Probleme zu geben: »Es ist schwer, einen Badeort zu finden, wo nicht irgendein junger Mann auf dich wartet«, sagt der Vater mehr oder weniger verzweifelt zu seiner Tochter und entschließt sich, sie nach Lesmona zu ihrem Onkel zu schicken. Ist dieses blonde, rotwangige Mädchen mit dem natürlichen, frischen Lächeln eine Verführerin, eine die den Männern den Kopf verdreht und dann wegläuft? Nein, das kann man sich nicht vorstellen, sie ist lediglich ein Mädchen, das Spaß daran hat, den Männern zu gefallen, für die es ein Spiel ist, mit ihnen auszugehen, zu tanzen, zu reden, Spaß zu haben. Um mehr geht es nicht. »Warum kann ich mich nicht verlieben?«

Hoffnungsvoll nach vorne. Katja Riemann in ›Sommer in Lesmona‹

Benedict Freitag und Katja Riemann als Percy und Marga in ›Sommer in Lesmona‹

Katja Riemann und Benedict Freitag als Percy und Marga in ›Sommer in Lesmona‹

fragt sie ihre Erzieherin und offenbart, daß sie keinerlei tiefere Gefühle für jemanden hat. Das soll sich ändern, in diesem Sommer in Lesmona. Der Film erzählt von der Veränderung, davon, wie Marga die Spielereien auf einmal hinter sich läßt, wie sie erwachsen wird und mit der Liebe auch das Leid kennenlernt.

Katja Riemann ist Marga, genannt Matti. Ganz jung sieht sie aus, mit roten Backen, adretten Zöpfen und einem Strohhut auf dem Kopf, die blasse Haut schützt sie mit einem Sonnenschirm. Kokett steht sie vor dem englischen Cousin Percy und genießt damenhaft seine charmante Aufmerksamkeit. Wie ein Junge schürzt sie nur wenig später die Röcke, um Schritt zu halten mit ihren Cousins.

Die Schauspielerin wechselt in ihrer ersten großen Rolle spielerisch vom unschuldigen Flirt zu diesem Jungenblick, der sagt: ›Laßt mich mit euch auf Bäume klettern‹, vom liebevollen Augenaufschlag zu einem herben ehrlichen Lachen.

Wenn sie dem galanten Percy beim Klavierspiel zuhört, dann lacht sie im einen Augenblick wie ein Kind über die witzigen Strophen und stützt wenig später den Kopf in ihre Hände, schaut ihm tief in die Augen und wirkt fast wie eine Frau. Eine Nahaufnahme rückt den Blick der jungen Frau ins Zentrum des Geschehens, diesen Blick, den man einander zuwirft, wenn auf einmal alles ernst wird, wenn Gefühle im Spiel sind.

Jetzt kann sie doch lieben, berichtet sie ihrer Freundin glücklich, und überschwenglich genießt sie die Zeit in Lesmona. Aber Percy muß zurück nach England, er hat finanzielle Schwierigkeiten, eine schnelle Heirat lassen die sozialen Gegebenheiten nicht zu, also beschließen die beiden, zu heiraten, wenn das väterliche Geschäft eine Hochzeit erlauben würde, in fünf Jahren.»Matti wußte, in den fünf Jahren würde Percy sicher sein Versprechen halten und sie heiraten, aber ihr ganz gewiß nicht treu sein – das Mädchen hätte man dann später mit einem Blumenladen entschädigt. Und gegen den Willen der Eltern heiraten, arm zum Standesamt gehen statt brautgekleidet in der Kutsche in die Kirche? Nein, man war vernünftig, und Percy war es auch.« (Gerd Bucerius in: *Die Zeit*, 25.9.87)

Benedict Freitag und Katja Riemann als Percy und Marga in ›Sommer in Lesmona‹

Es sind die Zeiten, in denen Konventionen und Standesdünkel das Verhalten des Bürgertums bestimmen, in denen die Väter sich die Entscheidungen über die erwachsenen Töchter vorbehalten und auch die Wahl des Ehemannes unter den Argusaugen der Familie stattfindet. Tatsächlich gewährt der Film angenehm unaufdringlich Einblick in die Welt des deutschen Großbürgertums der Jahrhundertwende. Vernunft und gesellschaftliches Reglement sind es dann auch, die Marga letztendlich dazu bringen, einen anderen zu heiraten, Rudi Rickberg, den Kunsthistoriker (in Wirklichkeit war es Gustav Pauli, der spätere Direktor der Hamburger Kunsthalle). Anfangs fühlt sie sich zu ihm hingezogen, weil er sie verunsichert, weil er mit einer sarkastischen, unbeugsamen Art auftritt. Ihre Liebe, ihre Leidenschaft gehört Percy, heiraten wird sie Rudi. Katja Riemann gibt diese unabwendbare Wandlung von Marga wieder und beläßt ihr gleichzeitig diese umwerfende Natürlichkeit und Frische, die so charmant und so authentisch erscheint. Nicht zuletzt dank ihres Spiels bleibt die Geschichte immer eine sehr persönliche Erzählung der Marga, spontan, ehrlich, rührend, erstaunlich.

Bald nach diesen ersten Filmerfahrungen mit *Sommer in Lesmona* erhält Katja Riemann erneut die Möglichkeit, eine historische Figur zu spielen. Diesmal geht es um die fünfziger Jahre: *Regina auf den Stufen* heißt die Fernsehserie, die von Bernd Fischerauer 1989/90 realisiert wurde. Zwar gab es hier keine reale Vorlage für die Figur der Regina, doch wird die historische Situation der Wirtschaftswunderjahre im Nachkriegsdeutschland thematisiert und anhand der Protagonisten transportiert. Man kann der Geschichte vorwerfen, relativ unkritisch die »dumpfe Aufstiegsphilosophie der fünfziger Jahre in Worte und Bilder zu fassen« (Norbert Hummelt in: *Kölner Stadt-Anzeiger*, 9.1.92), aber der Film ist doch anspruchsvoller gemacht als Utta Danellas Romanvorlage, die nicht selten in banalen Kitsch abrutscht.

Der Film geht besonders in der Anlage der Frauenfigur einen wesentlichen Schritt weiter: »Bei der Danella sind die Sympathien klar verteilt, der Mann reitet auf der Wirtschaftswunderwelle, die Frau ist für die Liebe gemacht. Sie muß heiraten und darin ihre Erfüllung finden.« (KR in: *Stern*, 30.11.89) In der Fernsehserie dagegen erkämpft sich die Frau ihre Selbständigkeit. »Diesen Kampf kann die Hauptdarstellerin Katja Riemann wesentlich leichter nachvollziehen als den erzwungenen Gehorsam der Marga aus *Sommer in Lesmona*.« (Mattias Ziemann, ebd.)

Es ist Winter, die Straßen sind glatt, und Reste von Schnee sind zu sehen. Die Menschen eilen vorsichtig über Gehwege, bemüht, nicht auszurutschen und sich vor der eisigen Kälte in Sicherheit zu bringen. Eine blasse, sehr junge Frau steigt aus der Straßenbahn, sie ist in einen dicken Mantel gehüllt, hat einen Schal umgeschlungen. Die langen Haare sind zum Zopf zusammengebunden, das Gesicht vor Kälte gerötet, die klaren Augen schauen sich suchend um, dann verschwindet sie in einem Hauseingang. Ein Zimmer wird vermietet, sie ist die erste Bewerberin, und sie kann es bekommen: für fünfundvierzig Mark im Monat, aber es darf nicht verändert werden – für den Fall, daß der Sohn zurückkommt. Es ist ein kleines Zimmer, und die Wirtin ist eigen, doch die junge Frau, die aus dem Osten Deutschlands nach München gekommen ist, freut sich über die eigenen vier Wände und tollt ausgelassen die Treppe hinunter, nachdem sie die erste Monatsmiete bezahlt hat.

Regina auf den Stufen: Selbstbewußt nach vorne schauen

Katja Riemanns Regina wirkt jung, frisch, unberührt und unschuldig. In ihrem Gesicht spiegeln sich Hoffnung und Freude auf ein neues Leben, auf Selbständigkeit und einen neuen Anfang.

Szenen aus Nachkriegsdeutschland. Kriegsgefangene werden zurückerwartet, Familien warten auf die Ankommenden, Frauen auf ihre Männer, Mütter auf ihre Söhne. Frauen, die ihre Verlobten nicht erkennen, und Kinder, die ihre Väter noch nie gesehen haben, schauen erwartungsvoll in fremde Gesichter. Tränen, Freudentränen, ein endloses ›Es-nicht-fassen-Können‹. Es ist Winter 1955, und die Ankommenden sind Spätheimkehrer.

Einer von ihnen ist Martin Scholz (Mark Kuhn). Er ist auf der Suche nach seiner Frau Gaby, und als er sie findet, macht er eine böse Entdeckung: Es gibt einen neuen Mann in ihrem Leben. Schicksale, die im Krieg kein Einzelfall sind: eine schnelle Heirat und dann das jahrelange Warten auf die Rückkehr des Mannes.

Silvester 55/56: Regina steht mit glänzenden Augen vor den Geschäften, vor einem Reisebüro, vor einer Modeboutique, Träume, die so weit weg sind, unerreichbar für ein kleines Mädchen, das in einem Kaufhaus arbeitet. Alleine geht sie in eine Kneipe, alle feiern, warum soll sie alleine bleiben? Sie sieht nicht unglücklich aus, neugierig vielleicht, ein bißchen verloren. Sie lernt Martin Scholz kennen, ihre Einsamkeit verbindet, sie feiern bei ihm, sehr bescheiden, sehr anständig.

Hier kann der Film sich nicht ganz einer unreflektierten symbolhaften Darstellung erwehren: Martin Scholz schwört am Fuße einer Treppe, daß er auch nach oben gelangen wird. »Wir hier im Dunkeln und die da oben im Licht.« ›Da oben‹ findet die glamouröse Feier statt, da sind die Mitglieder der gehobenen Gesellschaft. Champagner, Ballkleider, Schmuck und Dekadenz. Die Glitzerwelt mit ihrem Gesang wird gesetzt gegen graue, ärmliche Zimmer bei fremden Wirtsleuten. Gegen die Trauer in den Gesichtern von Martin und Regina. Aber auch gegen die Lebendigkeit in ihren Blicken.

Tatsächlich ist es eine merkwürdige Silvesternacht für Regina. Da trifft sie auch noch Janos (Serge Avedikian), den Ungarn. Wen man in der Silvesternacht trifft, den sieht man wie-

Katja Riemann und Mark Kuhn in ›Regina auf den Stufen‹: Hoffnungsvoller Start im Westen

der, verspricht er ihr augenzwinkernd. Regina und Martin werden bald ein Paar, und kurze Zeit später findet Regina Arbeit in einem Fotoladen, bei einem ganz wunderbaren älteren Herrn. Und das, wo sie sich schon immer für Fotografie interessiert hat. Mit viel Begeisterung macht sie sich an die Arbeit.

Katja Riemann steht die Entwicklung der Regina ins Gesicht geschrieben, ein offenes Gesicht, das zunehmend glücklicher aussieht, entspannter. Sie wirkt mit jeder Sekunde des Films ein bißchen älter, ein wenig selbstbewußter, und doch hat sie ihre Natürlichkeit nicht verloren. Älter wirkt ihr Gesicht allerdings auch, wenn es vom Schmerz gezeichnet ist, und das ist es, als sie Martin mit seiner Chefin beobachtet. Sie verläßt ihn umgehend.

Im Fotoladen trifft Regina Janos wieder, ihren Helden aus der Silvesternacht. Er macht wunderbare Fotos, er ist ein Genie, wie er von sich selbst behauptet. Er ist beeindruckt von Regina, von ihrem Gesicht, er will Probeaufnahmen machen, der Janos Janaday, vor dem sie ihr gutmütiger Chef warnt:»Er ist ein guter Fotograf, aber er ist ein Filou.«

Die erste Begegnung, für die sie sich extra zurechtgemacht hat, ist ein Desaster:»Sie sehen aus wie die gute Tante von nebenan. Da finde ich ein Gesicht, das anders ist als die anderen: Klar! Rein! Klassisch! Und was macht die dumme Kuh? Dauerwellen!« schnauzt er unbeherrscht los. Sie steht da wie ein kleines heruntergeputztes Schulmädchen. Doch der Friseur rettet den Problemfall:»Machen wir einen wunderhübschen Knaben aus ihr.« Und dann schneidet er die Haare kurz. Regina sagt nichts mehr, denkt nichts mehr, schaut in den Spiegel, wie ihre Haare fallen.

Kurze platinblonde Haare, rote Lippen, katzenhaft geschminkte Augen. Janos ist hingerissen: Jetzt macht er aus dem Mädchen eine Frau, aus dem lieben Lächeln macht er einen verführerischen Blick. Von den Probeaufnahmen geht es geradewegs zur Modenschau: Cool und lässig bewegt sie sich auf dem Laufsteg, sie strahlt; ihr anfangs zögerlicher Gang wird in kürzester Zeit sicherer und fester. Wäre da nicht derselbe verschüchterte Blick, dann hätte man den Eindruck, einer echten Frau von Welt gegenüberzustehen.

Regina wird zum Starmodel von Janos. Er rückt sie immer mehr in den Mittelpunkt seines Schaffens und seines Lebens:»Das erste Mal waren Sie ein Rohdiamant, jetzt haben Sie Schliff«, sagt er ihr in dieser lauen Sommernacht. Er redet von ihrem inneren Feuer,»kalt und ängstlich, unendlich nah und doch sehr weit, wie jemand, dem man sehr weh getan hat«. Sie schweigt, später erzählt sie von drei russischen Soldaten, die sie vergewaltigt haben. In derselben Nacht geht sie zu Janos, und von nun an sind sie unzertrennlich. Jetzt sieht er in ihren Augen das, was er vorher vermißt hat: Wärme!

Regina macht eine Blitzkarriere, Titelbild der *Vogue*, das war schon damals was. Dior ruft an, und Regina und Janos verbringen eine traumhafte Zeit in Paris. Madame ist glücklich, Madame ist ein richtig gutes Model geworden, und die Liebe beflügelt, sie braucht noch nicht einmal Pausen. »Du wirst ein Star, ganz Paris liegt dir zu Füßen … Bleibst du trotzdem bei mir?« fragt Janos überschwenglich. Ja, ja, ja, sagen ihre Augen, es ist ihr zweiundzwanzigster Geburtstag, Janos kauft ihr zweiundzwanzig rote Rosen, eine Frau liest ihr aus der Hand. Sie sagt Regina etwas, das sie ihr Leben lang begleiten wird: »Sie sind keine Taube, sondern ein Adler, sie sollen fliegen.« Jetzt ist sie eine Dame und eine Frau, und sie wird geliebt, und sie wird gefeiert. Die Haare trägt sie inzwischen etwas länger, ihre Gesten sind fest und sicherer geworden, vor der Kamera agiert sie professionell und verführerisch.

Katja Riemann spielt die Verwandlung der Regina überzeugend, weil sie es versteht, die Nuancen zu spielen, die leichten Veränderungen eines jungen Mädchens, das langsam zu einer

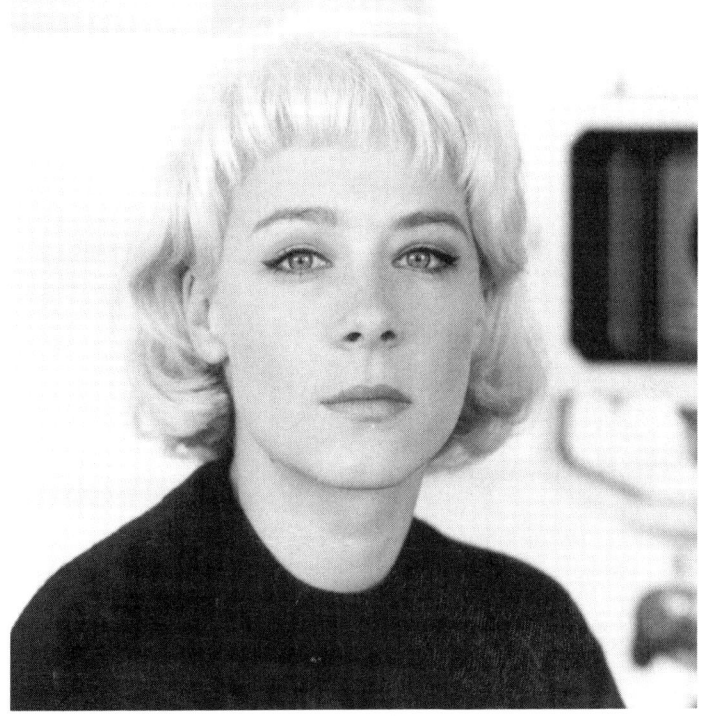

Katja Riemann in ›Regina auf den Stufen‹

Frau wird und das in eine vollkommen andere Welt hineinge-
stoßen wird. Die ganze Zeit über spürt man bei ihrer Darstellung, daß sie der Figur etwas Konstantes gibt: Regina bleibt
sie selbst, sie läßt sich weder vom Erfolg noch von der Welt,
in der sie nun lebt, verändern oder gar verbiegen. Sie behält
ihre Spontaneität und wird doch immer routinierter in der
Glitzerwelt, sie wirkt weiblich, erwachsen, und doch blitzt immer wieder dieser kindliche Charme durch.

Eine zielstrebige junge Frau ist Regina geworden, der Model-
beruf reicht ihr nicht, sie will an die Fotoakademie. Sie ist eine
moderne junge Frau, die zu einer Generation von Frauen
gehört, deren Ziele sehr viel weiter gehen als die Ehe und der

Katja Riemann und Serge Avedikian in ›Regina auf den Stufen‹

Katja Riemann und Serge Avedikian: Ist es die große Liebe? Szene aus
›Regina auf den Stufen‹

Beruf. Tatsächlich wird sie an der Fotoakademie aufgenommen und widmet sich mit viel Hingabe und Spaß dem Studium, nebenbei jobbt sie als Model und lebt weiter mit Janos.
Da stört die Weltpolitik ihre kleine Welt: Nach dem Einmarsch der Russen steht auf einmal die Frau von Janos vor der Tür; seine Familie, die hatte er verdrängt, vergessen. Regina/Katja guckt: große Augen, Luft anhalten, machen, daß der Moment vorübergeht, daß er nicht wahr ist, nicht ganz wahr. Die Regentropfen vermischen sich mit den Tränen auf ihrem Gesicht. Regina trennt sich von Janos, nein, sie wird nicht seine Geliebte sein, und die Vergangenheit kann er nicht einfach vergessen, schon gar nicht, wenn die Familie nun mal da ist.
Später, in der Silvesternacht, geht sie in das Café, wo sie vor genau einem Jahr Martin kennengelernt hat. So viel ist ge-

schehen, sie hat sich so sehr verändert. Was hat der alte Ovid gesagt: Alles wechselt, nichts vergeht. »Wir waren doch verabredet oder?«, und da stehen sie nun, alle beide. Martin hat inzwischen ein Hotel am Ammersee von seinem Onkel übernommen, ein fast gemachter Mann. Immer öfter treffen sich die beiden, und auf einmal geht alles sehr schnell: im Brautkleid, ganz weiß, ganz rein, ganz wie eine Prinzessin. Bei der Zeremonie sieht ihr Gesicht sehr ernst aus, beinahe innerlich erleuchtet.

Kitschig, aber Mädchen hören wohl nie auf, von der weißen Hochzeit à la Sissy, à la Grace Kelly und à la Diana zu träumen. Frauen hüllen sich in einen weißen Schleier aus Tüll, der Gefühlsregungen glättet und dem Natürlichen eine so grausam künstliche Note gibt. Aber was eignet sich besser, um Wunden zu verdecken und erwachsene Frauen mit Vergangenheit wieder in unschuldige Mädchen zu verwandeln.

Martin entpuppt sich in der Folge jedoch immer mehr als typischer Chef der Wirtschaftswunderzeit, so einer, der Flüchtlinge rauswirft, der das Haus umbauen will, der Kontakte knüpft mit den Großen der Wirtschaft und der schließlich auch noch anfängt politisch mitzumischen, in der CDU versteht sich. Außerdem ist er konventionell und spießig. Als Regina nämlich in – seiner Meinung nach – aufreizender Pose für die *Vogue* Modell steht, gibt es ein Donnerwetter, das sich gewaschen hat.

Aber dann ist Regina schwanger, sie hat rosige Backen, sie sieht glücklich aus, ein liebenswertes Mädchen. Die Ehekrise kann jedoch nicht geglättet werden, im Gegenteil: Als Regina das Kind verliert und erfährt, daß sie nie wieder Kinder bekommen kann, gibt es einen tiefen Riß in der Beziehung.

Sie geht vier Wochen in Kur, und hier trifft sie Entscheidungen, die ihr Leben verändern: Sie wird sich von ihrem Mann trennen und als Fotografin arbeiten. »Ich fühle mich frei, ich habe noch nicht einmal Angst, Menschen zu verlieren«, erklärt sie einer Frau, mit der sie sich während der Kur angefreundet hat. Und sie hat einen großen Vorteil gegenüber den Frauen, die es vorher in ihrem Leben gab: Sie hat einen Beruf.

Als sie Janos wiedertrifft, entscheidet sie sich endlich für beides, für die Liebe und für ihre Freiheit, für ihre Unabhängigkeit: Ja, sie wird in Hamburg leben, manchmal mit ihm, manchmal ohne ihn.»Du bist ein Adler«, sagt er glücklich und nicht ohne Stolz auf Regina, aber vor allem mit sehr viel Liebe. Der Wunsch nach beruflicher Erfüllung und der Möglichkeit, mit dem Mann zusammenzuleben, den sie liebt, wirkt sehr fortschrittlich in dieser Geschichte aus den fünfziger Jahren. Eine Modernität, die im Spiel von Katja Riemann immer deutlich zu spüren ist, ein Spiel, das den Reiz des Films erst ausmacht.

Verletzte starke Frauen

Schwarze Hose, schwarze Lederjacke, die blonden Haare nach hinten gebunden, eine abweisende Haltung, cooler, undurchsichtiger Blick in einem versteinerten Gesicht.
Katja Riemann ist Katja in dem Schimanski-Tatort *Katjas Schweigen* von Hans Noever. Eine undurchdringliche, verschlossene junge Frau. Mißtrauisch, nicht bereit, etwas von sich preiszugeben, so steht sie am Rande des Football-Feldes und sieht Schimanski (Götz George) zu, wie er die vorbestraften Jungs trainiert; einer davon ist ihr Bruder. »Ihr habt sie ja nicht mehr alle«, sagt sie kopfschüttelnd und beobachtet den Kommissar und den Bewährungshelfer, die hier beinahe mehr Spaß zu haben scheinen als die Spieler.
»Wir haben vorher darüber geredet, was die Katja für eine Person ist«, erzählt Regisseur Noever. »Es geht mir immer darum, jenseits der Rolle über die Biographie einer Person zu reden. Warum trägt man dieses oder jenes Kleidungsstück? Warum schützt man sich? Warum trägt man zum Beispiel eine Lederjacke? Nicht, weil das modern ist oder postmodern oder sonst irgend etwas, sondern weil es wie ein Schutzmantel ist. Man deckt sich ab damit. Die Figur der Katja ist zahm, zurückhaltend, verschwiegen und trotzig. Darüber haben wir geredet, über den Kontext. Ich frage mich immer, wo ist das Herz der Geschichte, das, was nicht auflösbar ist. Und je genauer, je besser man dieses Ziel im Auge behält, desto besser schützt man auch den Darsteller vor jeder Form von Oberflächlichkeit.
Ich habe Katja Riemann gesagt, was Sache ist, daß es bei der

Hans Noever

Figur darum geht, zu fragen: Was gehört mir, was lasse ich nicht raus? Darüber haben wir uns verständigt, und den Rest hat sie dann einfach für sich ausgemacht. Bestückt mit der Vorausinformation über die Rolle, hat sie das dann mit ihrer Persönlichkeit alleine erzählt. Da habe ich mich dann auch nicht mehr eingemischt. Ich habe nur aufgepaßt, daß nichts wegrutscht. Und sie ist ja eminent intelligent, insofern muß man da keine Ängste haben.«

Katjas Bruder Thommy ist erschossen worden, angeblich von Schimmis Kollegen Thanner (Eberhard Feik). Gemeinsam mit anderen Jungs aus Schimanskis Mannschaft wurde Thommy verdächtigt, bei einem Raubüberfall einen Polizisten erschossen zu haben. Der Kommissar ist sauer: Klar, die sind vorbestraft und bekommen keine Chance. Er sagt es Katja. Sie steht vor ihm, schaut ihn an. Sie weint nicht, sie rührt sich nicht, und als er den Arm um sie legt, nimmt sie sie nicht an, diese Geste des Schutzes, diese Geste des Geborgenheitgebens. Sie erstarrt unter seiner Berührung. Für einen winzigen Augenblick blitzt der Schmerz auf in den Augen, dann hat sie wieder nur Ablehnung in ihrem Blick: »Hau ab, Bulle!«

Nicht nur ihre Gesten sind hart und abweisend, auch die Sprache von Katja Riemann ist viel härter als in anderen Rollen, die man von ihr kennt. Mit einem aggressiven, provozierenden Tonfall spricht sie, und immer bleibt bei ihren Sätzen etwas Verschlossenes. Es gelingt ihr, die Worte so auszusprechen, daß nie die ganze Wahrheit deutlich wird, der tiefere Sinn bleibt verborgen.

Schimanski und Thanner sind davon überzeugt, daß die Jungs nicht auf eigene Rechnung losgezogen sind. Das Ganze ist viel zu professionell aufgezogen, und es sind Waffen im Spiel, die auf dem Markt gar nicht zu bekommen sind. Es geht darum, den Drahtzieher zu finden. Katja weiß mehr, als sie zugibt, sie wirkt nervös, manchmal fast so, als ob sie Angst hätte. Sie liegt auf dem Bett in ihrem alten Zimmer bei den Eltern, als Schimanski in der Tür steht. »How do you feel, I feel good«, ruft sie weinend in die Kissen. Das ist der Schlachtruf der Chearleaders beim Spiel. Schmerzen über den Tod ihres Bruders – und Wut. Man hat den Eindruck, jeder kleinste Teil ihres Körpers ist an diesem Kampf beteiligt, diesem Kampf gegen den Schmerz und den Wunsch, ihn herauszulassen. Als Schimanski in der Tür steht, spannt sie innerhalb einer Sekunde jeden Muskel an, jetzt ist sie wieder die Katja, die niemals alles geben wird, die immer etwas für sich behalten wird.

»Das war das Spannende an der Rolle, diese Disparatheit«, beschreibt es Hans Noever. »Diese Mischung aus dem ›Sichverschweigen‹, die Geschichte dahinter zu verschweigen, die Familie zu verschweigen, ihre eigenen Nöte zu verschweigen, und dem ›Wütendwerden‹, eigentlich alles zum Teufel zu schicken. Es geht um Ambivalenzen, die Unklarheiten, die Ängste, die versteckt sind, die man nicht preisgibt, die verborgen bleiben. Ich habe den Titel deswegen umgesetzt, der hieß mal ›Katjas Geheimnis‹, dann habe ich gesagt, der Titel muß lakonischer sein, direkter. Wir haben uns dann erst während des Drehs für *Katjas Schweigen* entschieden.«

Allmählich beruhigt sich Katja, faßt ein wenig Vertrauen. Ihr Körper entspannt sich, die Gesichtszüge werden weicher, aber immer bewahrt sie die Haltung eines Panthers, der angespannt und vorsichtig sein Gegenüber abschätzt. Und ohne wirklich etwas von sich offenzulegen, erzählt sie Schimanski ihre Geschichte. Die steht in krassem Gegensatz zu der Umgebung des alten Kinderzimmers, zu dem Stoffbären in ihrem Arm und dem Lebkuchenherz an der Wand. Weggelaufen von zu Hause, als der Vater im Knast war, kriminelle Delikte, Jugendknast und Prostitution. Schimanski streicht ihr die Haare aus dem Gesicht, jetzt wirkt sie sehr jung, aber nicht unschuldig jung, sondern jung und erwachsen zugleich, so wie jemand, dessen Augen schon eine Menge gesehen haben, dessen Körper viel gespürt hat. Sie reden, und sie bekommen heraus, wer für alles verantwortlich ist, für den Tod des Polizisten und vor allem für den Tod von Katjas Bruder. »Mach ihn fertig, Schimanski«, sagt sie drohend. »Wenn du es nicht tust, tue ich es.«

Katja ist eine wirkliche Gegenspielerin für den starken Schimanski, den Schimanski mit Herz, der helfen will, der reden will, der aber Bulle bleibt. Und die Schauspielerin Katja Riemann, die ja damals noch ganz am Anfang ihrer Karriere stand, war auch zunächst »etwas erschlagen aufgrund der Popularität von Schimanski, aber das hat sich dann schnell gelegt«, wie sie erzählt. Regisseur Hans Noever kann dem nur zustimmen: »Ihre Nervosität gab sich aber sehr bald, weil sie sehr eigen ist. Man kann sagen, sie ist auf eine sehr positive Art und Weise eigensinnig. Mit der vorgeschobenen Nase, mit dem Kinn, immer nervös, immer ganz ernsthaft auf ihrer Geschichte drauf mit einer Nervosität und einer Unruhe. Der Götz war da aber auch ein sehr guter Kollege, solidarisch und aufmerksam. Er hat sehr sorgfältig mit ihr gearbeitet, und bis auf die natürliche Unruhe, die ein Schauspieler vor seinem Spiel hat, gab es gar keine Unsicherheit.«

Endszene auf dem Football-Feld: Schimanski ist da, der Bewährungshelfer ist da, die Jungs sind da – und Katja, die die Szene schweigsam beobachtet. Schimanski wendet sich an den Bewährungshelfer, er sagt ihm, was er weiß, daß er die Jungs angeführt hat und Thommy erschossen hat, als es zu ge-

Deutscher Filmpreis 1996: Katja Riemann, Götz George

fährlich wurde. Katja verschwindet in der Umkleidekabine. Als sie herauskommt, hält sie eine Pistole in der Hand: Thommys Pistole. Ihr Gesicht ist müde, sie hat Ränder unter den Augen, aber etwas Lebendiges, Strahlendes in ihrem Blick. Sie geht auf die Männer zu; voller Verachtung und mit aller Kraft, die ihr geblieben ist, wirft sie die Pistole auf den Rasen. Nein, sie wird nicht ihr Leben zerstören, wegen eines miesen Typs, den abzuknallen sich nicht lohnt. Sie nimmt den Football: »How do you feel, what's your name«, fängt sie an zu rufen, sie wird lauter, schreit die Sätze, brüllt sich Wut und Schmerzen aus dem Leib. »How do you feel, I can tell you good, what's your name?«

»Auch in den Momenten, wo sie sehr extrovertiert war in der Rolle, verschweigt sie ihre Empfindungen: ›I feel good!‹« (Hans Noever), und so gehört das letzte Bild im Film Katja, *Katjas Schweigen.*

Der Tatort *Katjas Schweigen*, das war 1989, und die Katja ist sicher eine Figur, die einen besonderen Platz in ihrem Schaffen einnimmt. Es ist eine ihrer ersten größeren Rollen, und ihre Darstellung wurde sehr gelobt, sie selbst fühlte sich damals »geehrt, in einem Tatort mitzuspielen, das ist ja was Wesentliches in Deutschland«. Aber das Besondere an dieser Rolle ist sicher, daß sie hier, ganz am Anfang ihrer Karriere, diese Verhaltenheit, dieses wunderbare Geheimnis, was Filme groß und spannend macht, so glänzend gespielt hat.

Während die Medien in den neunziger Jahren anfangen, Katja Riemann als Komödienstar zu handeln, setzten Regisseure wie Theodor Kotulla (*Aus einem deutschen Leben*), Bodo Fürneisen oder Matti Geschonneck beharrlich auf die tragischen Fähigkeiten der Schauspielerin. Sie besetzten sie für Rollen, in denen sie in sich gekehrte, verletzte und innerlich einsame Frauen spielen konnte. Frauen aber auch, die oftmals aufgrund ihrer Erlebnisse hart geworden waren, hart gegen sich selbst und gegen die anderen.
So wie Kim in *Angst hat eine kalte Hand* (1996), der es schwerfällt, ihre Arbeit als Kommissarin und ihr Privatleben zu koordinieren, und die mit hartem Auftreten in ihrem Job reagiert, oder wie Rita, die in *Blue Dream – Tod im Regen* aus der Reihe *Polizeiruf 110* für einen kurzen Moment lang davon träumt, auszubrechen aus einer traurig gewordenen Welt, und deren Überlebenswille ungebrochen scheint. Oder gar wie Nele in *Von Gewalt keine Rede* (1992), die nach einer Vergewaltigung fassungslos den Mechanismen einer Männergesellschaft gegenübersteht, die sicher passiver ist als die anderen Figuren, doch je größer ihre Wut wird, um so stärker scheint auch sie zu werden. Frauen, die auf Ungerechtigkeit, Schmerz, Verlust reagieren und dabei eine gewisse Strenge und Unnahbarkeit, einen Schutzmantel aus Coolneß anlegen. Frauen auch, die Opfer sind, die aber überleben wollen und daraus eine gewisse Kraft ziehen.
Am Anfang der Laufbahn von Katja Riemann steht unter anderem ein Film von Theodor Kotulla, der auf sehr eindrucksvolle Art und Weise auf das schauspielerische Spektrum von Katja Riemann hinweist: *Von Gewalt keine Rede*.

Theodor Kotulla

Kotulla bewies zu einer Zeit, da sie ganz am Anfang ihrer Karriere stand, ein gutes Gespür, als er seine Hauptdarstellerin in dem Stück von Leonie Ossowski mit Katja Riemann besetzte. Hier spielt sie Nele, eine junge Frau, die Opfer einer Vergewaltigung wird und sich in den Mechanismen einer männlichen Maschinerie bewegt, denen sie hoffnungslos ausgeliefert ist. »Für *Von Gewalt keine Rede* habe ich jemanden gebraucht, der in der Lage war, die Angst und die Verlorenheit meiner Hauptfigur auszudrücken, und bei Katja hatte ich intuitiv das Gefühl, die bringt das«, sagt Regisseur Theodor Kotulla. »Schon während der Dreharbeiten und auch danach habe ich mir gesagt, ich hätte eigentlich keine Bessere kriegen können.«

Die Rolle der Nele braucht viel Einfühlungsvermögen, sie braucht eine gehörige Portion Sensibilität, eine ausdrucksstarke Mimik und die Fähigkeit, Lebenslust und Frustration gleichermaßen ausdrücken zu können, in diesen Stimmungen schnell und glaubhaft hin und her zu schwanken, mal so zu sein und dann wieder anders.

Im Zuge ihrer – für sie typischen – Vorbereitungen hat Katja Riemann Statistiken studiert und mit Betroffenen gesprochen. »Die meisten sind auch nicht zur Polizei gegangen, genau wie die Nele im Film«, erzählt sie. »Eine ist ganz dick geworden, hat gegen die Erniedrigung, diese totale Entwürdigung angefuttert, einen Schutzwall aus Speck um sich gebaut. Als sie davon erzählte, brach sie in hemmungsloses Schluchzen aus – zehn Jahre danach. Ihr Kummer war wie eine Sturmflut, die alles mit sich riß.« (KR in: *Hörzu*, 12.4.91)

Bei Theodor Kotulla ist die junge Schauspielerin gut aufgehoben, er läßt seinen Darstellern die Freiheit, die für eine sehr persönliche Darstellung der Rolle notwendig ist: »Ich stelle mich nicht vor die Schauspieler und sage ihnen, was sie wie zu spielen haben. Ich verlasse mich zu einem großen Teil auf meine Instinkte. Wenn ich eine Einstellung drehe, dann sage ich dem Schauspieler, spiel das mal so, wie du dir das vorgestellt hast aufgrund des Drehbuchs. Ich korrigiere dann, aber ich zwänge den Schauspieler in kein Korsett. Ich habe natürlich eine Vorstellung davon, wie das auszusehen hat, und ich korrigiere, sage, wo mehr Dampf dahinter muß oder wo sich jemand etwas zurücknehmen muß, aber im großen und ganzen lasse ich ihm die völlige Freiheit, eine Rolle so zu spielen, wie er sie sich vorstellt.«

Daß die Vorstellungen der Schauspielerin und die des Regisseurs in bezug auf die Darstellung gut harmonierten, das spürt man, das wird beim Betrachten des Films nur allzu sichtbar. In der Rolle der Nele werden stillere Facetten von Katja Riemann deutlich: Die Ohnmacht wird durch sparsame Dialoge ausgedrückt, die Angst durch ein zurückhaltendes Spiel und die Passivität durch verhaltene Aktionen, durch angefangene, nicht beendete Handlungen. Katja Riemann siedelt ihre Figur zwischen Ohnmacht und Wut, zwischen Aufgeben und Kämpfenwollen an.

Nele ist verheiratet mit dem Juristen Max (Heiner Lauterbach) und Mutter eines etwa fünfjährigen Jungen. Harmonische Familienbilder bestimmen das Bild, wenn der Vater sich nach der Arbeit Zeit nimmt, mit seinem Sohn zu spielen, und die Mutter ausgelassen mit ihrem Sohn tobt. »Ich würde so gerne wieder arbeiten, Max«, sagt sie eines Abends zu ihrem Mann und sieht ihn erwartungsvoll an. Er reagiert zögernd,

Auch im Leben ein Paar: Katja Riemann und Peter Sattmann in Theodor Kotullas ›Von Gewalt keine Rede‹

irgend etwas bricht ein. Auch wenn es nicht wirklich sichtbar ist, kann man spüren, daß die Harmonie einen leichten Bruch bekommt. Er versteht den Wunsch seiner Frau nicht, jahrhundertealte Argumente von Ehemännern begegnen uns in ihrer modernsten Reinform: Ihr fehle es doch an nichts bei ihm, und seine Frau soll doch nicht irgendeinen Job machen. Dabei würde sie so gerne ihr eigenes Geld verdienen, einmal nicht von Max abhängen. Sie nimmt ihren ganzen Mut zusammen und ruft trotz der Einwände ihres Mannes auf eine Anzeige als Schreibkraft an.

Beim Vorstellungsgespräch öffnet ihr ein Mann mittleren Alters im Bademantel die Türe. Ekhard Fuhrgreber (wunderbar: Peter Sattmann) ist ein merkwürdiger Mann, emotionslos, steif, mit einem ewig ernsten Gesichtsausdruck. Zu Frauen scheint er ein etwas merkwürdiges Verhältnis zu haben; seine Freundin (Lisa Kreuzer) oder Bekannte oder gar Lebenspartnerin demütigt er jedenfalls ohne Unterlaß, er ist überheblich und verletzend. Die Psychologie eines Mannes, der keinerlei Achtung vor der Frau hat, mit der er zusammen ist. Einmal nach dem Essen, das sie für beide gekocht hat, tätschelt er ihre Hand. Sie bemerkt, daß es immer so sein könnte. Er sieht sie an und lacht mit einem grausamen Unterton von Selbstherrlichkeit: »Du bist alt und spießig, ich mit dir ständig zusammenzusein, das muß sich einer mal vorstellen.« Warum sie dableibt, kann man nur vermuten, es ist auch nicht Thema des Films, doch eine wunderbare Darstellung von Lisa Kreuzer deutet es an: Sie kann nicht anders, weil er nicht anders kann. Sie scheint einen Trumpf zu haben: »Du kannst mir noch so viele Gemeinheiten an den Kopf knallen, an deiner Situation wird sich gar nichts ändern. Das, was du möchtest und nicht kannst: mit mir schlafen.«

Und nun ist also Nele bei diesem Mann in der Wohnung, sitzt neben ihm auf dem Sofa und läßt sich die Arbeit erklären, während er immer näher rückt. Sie fühlt sich unwohl, unsicher, aber sie wagt nicht, etwas zu sagen. Als es klingelt und er in der Küche verschwindet, verläßt sie heimlich die Wohnung. Aber spätestens beim Einkaufsbummel mit ihrer Freundin Betty (Despina Pajanou) bereut sie ihr übereiltes Handeln. Sie hätte so gerne einmal eigenes Geld, und ihre Freundin überzeugt sie davon, daß an dem Besuch nichts Komisches zu finden war: »Du stehst dir mit deiner Unsicherheit ständig selbst im Weg«, findet sie. Kurz entschlossen borgt sich Nele Geld von der Freundin, kauft sich ein sündhaft teures Kleid und beschließt, zu dem merkwürdigen Auftraggeber zurückzukehren.

Verlegen, aber entschlossen steht sie kurz darauf vor dessen Tür. Wieder herrscht diese merkwürdige Stimmung, aber Nele ist zu offen, zu naiv, um wirklich zu verstehen, was hier abläuft. Er kommt mit Sekt. »Ich trinke nicht, ich bin hergekommen, um zu arbeiten«, wehrt sie ab. »Glaubst du?!« gibt er mit veränderter Stimme zurück. »Zieh dich aus!« Nele versteht nicht, was hier abläuft, sie versucht zu fliehen, er schlägt sie. »Bitte lassen Sie mich gehen, bitte, ich werde auch niemandem etwas sagen.« Sie schreit nicht, sie hat einfach nur Angst, kalte und lähmende Angst. Er reißt ihr die Kleider vom Leib, schlägt sie. Verzerrte Musik im Hintergrund. Nahaufnahme: Die Augen von Katja Riemann werden in Szene gesetzt, der Schrecken wird zum Protagonisten in diesem Moment, und mit Hilfe der Zeitlupe wird das Entsetzen eingefangen.

Kotulla erzählt, daß er im Vorfeld mit der Autorin der Novelle, die dann auch die Drehbuchfassung geschrieben hat, über seine Vorstellungen von der Geschichte diskutiert hat. Gerade die Vergewaltigungsszene, die immer eine heikle Sache ist, wird so zu einer Inszenierung von Angst und Schrecken, ohne jeglichen voyeuristischen Unterton. »Wichtig war mir, die Demütigung, die Angst der Frau darzustellen«, betont der Regisseur, und genau das ist es, was sich in dem vorsichtigen Spiel von Katja Riemann wiederfindet: Nele liegt auf dem Boden vor dem Mann, der nun mit heruntergelassenen Hosen dasitzt. Fast wirkt er ein wenig lächerlich. Verletzung, Schmerz, Ohnmacht – ihr regloser Körper schreit die verschiedenen Empfindungen heraus, und erst ganz langsam fängt sie an, sich zu bewegen. Sie dreht sich auf die Seite, steht auf, hinkt zur Türe hinaus. Ihre Bewegungen sind mechanisch, abgestumpft. Die Furcht in ihrem Gesicht ist dem stummen Entsetzen gewichen. Der ganze Heimweg gleicht der stummen Frage, wie sich das Opfer wieder ganz normal unter den anderen Menschen bewegen soll. Kleine Szenen zeugen von der Schwierigkeit, sich sogar gegenüber denjenigen Menschen zu öffnen, die sie liebt. Wenn sie stundenlang duscht und den kleinen Sohn schimpfend aus dem Badezimmer schickt, wenn sie vollkommen abwesend beim Abendessen sitzt, blaß, unfähig, ein Wort zu reden. Die nassen Haare hat sie aus der Stirn gekämmt, irgend etwas in ihrem Gesicht sagt, daß sie gerne lächeln würde, mit den anderen sprechen, aber nicht kann. Max platzt der Kragen: »Für diese Art von Launenhaftigkeit habe ich kein Verständnis, merk dir das.« Als ihr Sohn ihr auch noch hinterherruft, daß sie gemein sei und böse und gar nicht lieb, da bricht sie in hilfloses Weinen aus.

Katja Riemann spielt die Reaktionen der Nele nach der Vergewaltigung mit bedächtigen Bewegungen und Blicken. Jede Geste verrät, wie alleine sie mit dem Erlebten dasteht, wie schwer ihr das Reden fällt, ihre Blicke erzählen von dem Gefühl, schuldig zu sein an dem, was man ihr angetan hat. Jedes Wort mit den anderen wird eine Tortur für Nele, jede Berührung ihres Mannes ist eine Qual. Sie weicht ihm aus, schläft im Wohnzimmer, ist nicht in der Lage, eine Erklärung zu geben. Wie apathisch läuft sie durch die Wohnung. Alles geht viel langsamer als vorher, das Aufräumen, das Kochen. Mechanisch erledigt sie, was in der Wohnung zu tun ist, die Reste des Frühstücks stehen lange herum, statt dessen sieht sie fern. Wie unter einer großen Glocke lebt sie vor sich hin. Erst als ihre Freundin kommt, sprudelt alles aus ihr heraus. Hilflos läßt sie sich in den Arm nehmen, sich trösten, doch panisch weist sie den Vorschlag zurück, es Max zu erzählen und zur Polizei zu gehen. Sie fühlt sich schuldig, sie kann sich denken, was die anderen sagen, daß sie zweimal dagewesen ist, bei diesem Mann, und das, obwohl er doch beim ersten Mal so merkwürdig war. Ihre Überlegungen sind hart, sind eine Ohrfeige in das Gesicht unserer Gesellschaft, weil all ihre Vermutungen so realistisch scheinen: So läuft die Argumentation, anstatt sich um die Opfer zu kümmern, ergeht man sich oftmals in Überlegungen zur Schuld der Opfer. Ein Aufruf? Eine reale Geschichte?

Jedenfalls kommt es einem sehr real vor, wenn Nachbar Frank (August Zirner) später seiner Frau Betty erklärt, daß er nichts von dem, was Nele erzählt, glauben würde, daß das doch alles nur Hysterie sei. Sein männlicher Vortrag gipfelt später in der Erklärung, daß er selbst und Max durch die Schuld der Frauen in eine ziemlich prekäre Lage gebracht worden sind. Ohne Kommentar! Frau ist vergewaltigt worden, und Mann hat ein Problem. Betty ist fassungslos über die Äußerung ihres Mannes.

Aber Nele fühlt sich genauso, wie diese Männer sie sehen. Das scheint das Schicksal der Opfer zu sein: den Sprüchen, den Gedanken über Vergewaltigung auch noch recht zu geben. Symbolträchtig zerstört sie kurz darauf ein ziemlich schickes, sehr knappes und bezeichnenderweise rotes Kleid. Mit der Schere schneidet sie es mittendurch. Ein Kleid, das die Männer aufreizt, das Blicke anzieht, das Kleid einer, die provoziert. In Schwarz und hochgeschlossen erscheint sie dann auf der Feier ihrer Nachbarn.

Zeitlupe: Sie bekommt den neuen Bekannten ihres Nachbarn vorgestellt. Fuhrgreber. Mit einemmal ist alles wieder da, das ganze Erlebte spiegelt sich im Gesicht von Katja/Nele wider. Sie hält sich die Hand vor das Gesicht, läuft hinaus. Wenig später sitzt sie in ihrer Küche, erstarrt, reglos, die Hand hält sie immer noch vor das Gesicht. Erst als Betty kommt, löst sich die Verkrampfung allmählich. Sie erzählt der Freundin, daß Fuhrgreber der Vergewaltiger ist. Langsam wandelt sich Neles passive Haltung in aufrechte Empörung. Eine gesunde Wut, die dazu führt, daß sie sich wehren möchte. Katja Riemann deutet diesen neu erwachenden Kampfgeist an, läßt aber immer wieder durchblicken, daß dieser Widerstand auf sehr wackligen Füßen steht.

Sie will zur Polizei gehen, doch Max versucht, sie daran zu hindern. Innerhalb eines nur sehr kurzen Moments beginnt er diesen kleinen Funken von Rebellion, von Auflehnung gegen diese wahnsinnige Ungerechtigkeit zu erdrücken. Seine Argumente sind überzeugend: Auf der Wache seien nur Männer, die würden ihr sicher nicht glauben, außerdem bräuchte ihr Sohn sie jetzt, der habe das mit der Vergewaltigung gehört und wolle jetzt wissen, was das sei. Nele kommt mit nach Hause. Aber noch gibt sie nicht ganz auf. Am nächsten Tag möchte sie immer noch, daß Max sie auf die Wache begleitet, aber der hat beschlossen, daß sie alles vergessen und sich von ihm beschützen lassen soll. Sie sagt nicht viel, aber auf dem Gesicht von Katja/Nele spiegelt sich die Enttäuschung und auch die Hilflosigkeit wider.

Max reagiert, wie wohl viele Männer in seiner Position und Stellung reagieren würden. Natürlich geht es ihm nahe, was mit Nele passiert ist, aber in erster Linie beschäftigt ihn doch die eigene Position: Man würde sich das Maul zerreißen über ihn und über seine Frau. Wer glaubt schon wirklich an eine Vergewaltigung? Er weiß zu gut, was Männer darüber denken: Dazu gehören zwei. Und er möchte sich den Ärger ersparen. Er hat sogar recht damit: Menschen tratschen, Vergewaltigung ist ein heikles Thema. Ansehen wird geschädigt, man wird gemieden, all das passiert. Aber letztendlich steckt dahinter eine Menge Egoismus: Max will die heile Welt wiederherstellen, er will seine alte Nele wiederhaben, er will, daß alles vergeben und vergessen wird.

Er sieht nicht, was er seiner Frau damit antut. Der Schmerz läßt sich nicht vergessen, nicht einfach wegdrücken, Angst, Schuldgefühle, Wut, Ohnmacht, so viele Gefühle toben in Nele und drücken sich in dem dumpfen, angstvollen Blick aus, den Katja Riemann ihrer Figur verleiht. In dem langsamen, bedächtigen Gang, in den Schultern, die sich langsam senken, und in diesem langen Schrei am Ende des Films: Nele ist im Supermarkt, ihr Peiniger kommt auf sie zu, droht ihr, sie solle bloß nicht zur Polizei gehen. Sie fängt an zu schreien wie ein Tier, ein verletztes Tier, ein Schrei, der einem durch Mark und Knochen geht, ein Schrei, der berührt, der ihre Ohnmacht deutlich macht, ihre Hilflosigkeit und die Verletzung, die sich nur noch in diesem hilflosen Schrei ausdrücken kann. Ein Schrei, der gleichermaßen Ausdruck von Kraft ist, von dem Willen nicht zu schweigen.

»Gute Zeugnisse, ein Leben für die Polizei, und das bei dem Aussehen« – der Polizeipsychologe schaut die attraktive Kommissarin Kim Osswald an und lädt sie ein, ihn mal zu besuchen, beruflich. Katja Riemann alias Kim in Matti Geschonnecks *Angst hat eine kalte Hand* (1996) schaut den Psychologen kalt an, keine Regung ist in ihrem Gesicht zu sehen, außer der, daß es eben gilt, jegliche Regungen zu kaschieren,

Katja Riemann, Udo Samel, Cornelia Froboess: ›Angst hat eine kalte Hand‹

zu verstecken, zu unterdrücken. Ein Gesicht, das mit seiner Verschlossenheit darauf hinweist, daß es Verletzungen zudeckt, eine Frau, die in Ruhe gelassen werden will. Ihr Spiel ist zurückhaltend, kurze, abgehackte Bewegungen.

Nach dem Gespräch mit dem Psychologen erinnert sich Kim an jenen Morgen, an dem Thomas (Peter Sattmann) sie verlassen hat, vor kurzem, als er es nicht mehr ausgehalten hat, wie sehr sie ihren Beruf in den Vordergrund stellte. Im Bademantel steht sie an der Wand und schaut diesem Mann dabei zu, wie er seine Koffer packt. »Es tut mir leid«, sagt sie mit einer traurigen Stimme und bittet ihn zu bleiben. »Ich lasse meinen Job draußen. Ich kann alles ändern.« Ein aussichtsloser Versuch, die Situation zu retten, die Katastrophe irgendwie abzuwenden. Trotz der emotionsgeladenen Stimmung bleibt ihre Art zu reden und zu handeln bedacht. Er packt schweigend seinen Koffer. »Ich liebe dich so sehr«, sagt sie, und ihre Worte wirken trotz all der Verzweiflung stark, sie klingen nicht nach Selbstaufgabe, Das-Gesicht-Verlieren, Lächerlichwerden im Moment der Trennung. Kim wird überleben, das verrät ihr Blick. Als die Türe ins Schloß fällt, zucken ihre Schultern kurz, dann brüllt sie nur noch: »Scheiße«, ganz laut. Keine Tränen, keine Gefühlsausbrüche. Ihre Wut und ihre Verzweiflung entladen sich bei einer der nächsten Razzien: Als ein junger Mann sie ›Bullenfotze‹ anbrüllt, schlägt sie ihn dermaßen zusammen, als gelte es, ihren ganzen Kummer direkt und ohne Umwege in ihre Hände zu lenken, jeder Schlag deckt ein Stück Wunde zu, so müßte es funktionieren, scheint es. So funktioniert das natürlich nicht, und sie soll mit dem Polizeipsychologen sprechen, weil sie bei der Schlägerei unberechenbar war.

Szenenwechsel: In einem dunklen Keller, einer Art Bunker, wird eine Frau (Cornelia Froboess) gefangengehalten. Sie ist Krankenschwester, sie hat nicht die geringste Ahnung, was sie hier soll, versucht nur instinktiv, ihrem Peiniger keine Angst zu zeigen, selbst dann nicht, als er ihr ganz schreckliche Fotos von zu Tode gequälten Frauen zeigt. Es funktioniert anscheinend, denn auf einmal ist sie draußen und geht zu einer Polizeiwache.

Die Verhöre stellen sich als eine Tortur heraus, man quält sie mit unmöglichen Fragen, und man glaubt ihr kein Wort. Die Kommissarin Kim Osswald bringt sie nach Hause, im Gegensatz zu ihren Kollegen fängt sie an, ihr zu glauben. »Die Angst hat eine kalte Hand«, wiederholt sie bedächtig die Worte, die Frau Zoll zuvor auf dem Präsidium von sich gegeben hatte. »Woher haben sie das?« will sie wissen, denn sie kennt die Worte, nur sie versteht den Zusammenhang nicht. Doch in dem Fall ermitteln andere, und Kim ist so verdammt müde. Großaufnahme von Katja Riemann: zusammengekniffene Augen, abgekämpfte Gesichtszüge. Ein Strahlen in den Augen, als Thomas sie anruft, Enttäuschung und Einsamkeit, als sie ihm nach einem kurzen Gespräch erklärt, daß sie nicht ein Jahr nach Rom kann.

Katja Riemann und Cornelia Froboess in Matti Geschonnecks ›Angst hat eine kalte Hand‹

Das Sympathische an dem Film ist nicht zuletzt, daß weder besagter Thomas noch irgendein anderer holder Ritter in Polizei- oder Gangster-Outfit daherkommt, um die verletzte Frauenseele zu heilen. Es geht in der Folge nur noch um zwei Frauen und einen Mörder – und um eine Annäherung zwischen den beiden Frauen.

Kim macht zufällig eine Entdeckung. »Die Angst hat eine kalte Hand«, der Hundetrainer der Polizei (Udo Samel) sagt es. Sie fängt an zu recherchieren. Jetzt ist sie wach geworden, hat Blut geleckt. Jetzt geht sie auf Jagd: Jeans, Bomberjacke, die Haare zusammengebunden, die Wangenknochen stechen hervor. Immer noch steht ihr die Müdigkeit, der private Ärger ins Gesicht geschrieben, doch wirkt der Gang zunehmend energischer, jugendlicher und kampfessicher. Was hatte Frau Zoll noch gesagt, sie sei in einem Bunker gefangen gewesen und habe ein Apfeletikett unter das Bett geklebt? Sie durchsucht den Bunker des Hundetrainers – und tatsächlich: Hier findet sich besagter Aufkleber.

Der Trainer gesteht, daß Frau Zoll bei ihm war. Aber angeblich auf eigenen Wunsch! Es sei ihr Plan gewesen, sie habe ihren Freund erpressen wollen, der Geld besitze. Kim hat ihre berechtigten Zweifel an dieser Version, doch der Richter glaubt sie, und der Trainer wird freigesprochen.

»Schöne rauhe Bilder hat der Film«, findet Katja Riemann selbst (in: *Max*, August 97), und damit nennt sie eine der großen Stärken von *Angst hat eine kalte Hand*. Nach der Verhandlung zum Beispiel fängt die Kamera einen schönen und sehr ausdrucksstarken Moment ein: Die zwei Frauen sind im Präsidium auf dem Flur, ausgelaugt von einem anstrengenden Kampf, resigniert von dem Unglauben der anderen, angewidert von der Skrupellosigkeit des Beamten. Erschöpft legen sie den Kopf an die Wand, es sind keine Worte notwendig, sie fühlen beide dasselbe. Zwei Frauen, zwei Schauspielerinnen, zwei Generationen: Cornelia Froboess und Katja Riemann verkörpern wunderbar die Figuren, ihre Gegensätze und ihre Gemeinsamkeiten.

»Tatsächlich entwickelt sich die mal schnoddrige, mal zärtliche Annäherung zwischen den beiden Frauen zum eigentlichen Zentrum des Geschehens. Hedi Zoll hat anfangs nichts gemein mit der jüngeren Kommissarin. (…) Und doch verknüpft die Frauen ein heimliches Band: Beide sind einsam, sind menschlichen Bindungen innerlich abhanden gekommen. Hedi Zoll hatte sich ein paar Tage frei genommen, wurde von niemandem vermißt: Nicht einmal ihr Freund, der seinen Besuch per Anrufbeantworter abgesagt hatte und sich danach nicht mehr meldete, hat ihr Verschwinden bemerkt. Auch Kim Osswald, Kommissarin mit nüchtern frustriertem Blick, ist eine Einzelkämpferin; sie verlor ihre Eltern bei einem Unfall, als sie zwölf Jahre alt war. Das vielleicht unbewußte Erkennen dieser Gemeinsamkeit schweißt die Frauen intuitiv zusammen.« (Frauke Döhring in: *Süddeutsche Zeitung*, 3.4.96)

Katja Riemann spielt die verhaltene Wut der Kim leise, drückt sie mit der Körperhaltung aus, auf der Lauer könnte man meinen, zum Angriff bereit. Augen, die blitzen gegen die

Ungerechtigkeit, und Fäuste, die sich ballen. Gleichzeitig wirkt sie kraftlos, wenn sie müde den Kopf zurücklehnt. Aber man hat den Eindruck, daß sie immer auf dem Sprung bleibt. Kim will aufgeben, da erzählt ihr der Psychologe, daß seiner Meinung nach diese Fotos von den gequälten Frauen existieren könnten. Menschen würden Geschichten erfinden, aber keine Fotos. Kim nimmt erneut die Spur auf. Wenn Hedi Zoll die Frauen beispielsweise in der Vermißtenkartei identifizieren würde, dann wäre das ein eindeutiges Indiz dafür, daß die Bilder existieren. Hedi Zoll hat diese Gesichter nicht vergessen können, und sie identifiziert sie.

Während auf dem Polizeiball alle in fröhlicher Einigkeit beisammen sind, den Mörder als Hundetrainer feiern, machen sich die beiden unterschiedlichen Frauen auf die Suche nach den Beweisfotos. Sie müssen im Haus des Hundetrainers sein. Natürlich werden sie dabei vom Mörder überrascht, beinahe kommt es zum Showdown, doch im letzten Moment rettet Frau Zoll Kim. Die hält den Mörder davon ab, sich selbst ins Jenseits zu befördern, keine Worte, nur Aktionen und ein Blick von Katja Riemann, der sagt: Nein, das wäre zu einfach.

Sie sieht sehr jung aus, wie sie heimlich ihre Sachen packt, Jeansjacke, die Haare nach hinten gebunden, klare blaue Augen, ein entschlossener Blick. Plötzlich ist ein Geräusch hinter ihr, sie dreht sich um, erschrocken schaut sie auf Andreas, ihren Mann. »Bleib hier«, beginnt er leise, dann brüllt er: »Bleib hier«, er hält sie fest. Sie betrachtet ihn mit ermattetem Blick. »Ich kann nicht mehr«, sagt sie mit einer Stimme, die keinen Zweifel zuläßt, daß sie das in dem Moment auch genauso meint.

Blue Dream – Tod im Regen heißt die Folge der Reihe *Polizeiruf 110*, in dem Katja Riemann eine junge Frau darstellt, der nur wenig Kraft geblieben scheint, wenig Hoffnung, aber doch gerade genug, um den Versuch zu wagen auszubrechen. Rita will ihren Mann Andreas (Peter Wilczynski) verlassen, eine Ehe, deren wahre Geschichte man nur stückchenweise, nur facettenhaft erfährt. Ihr Mann war Fernsehmechaniker, aber jetzt »gehen Fernseher kaum noch kaputt«, und er versucht seine Zeit totzuschlagen. In der Wohnung liegen Videos herum, leere Flaschen. Rita arbeitet als Kellnerin in einer trostlosen Kneipe, wo sie Natalie (Suzanne von Borsody) kennenlernt. Natalie hat Pläne, wie man an Geld kommen kann, wie man diese öde und trostlose Gegend verlassen kann. Rita beginnt Hoffnung zu schöpfen.

In der Kneipe »Blue Dream« treffen sich die Menschen, die im Vordergrund dieser düsteren Geschichte stehen. »Blue Dream«, das steht für ihre nie gelebten Träume, für den stillen Wunsch, etwas zu ändern, ohne die notwendige Energie dafür aufzubringen. Niemand hier hat wirklich den Ehrgeiz, etwas Neues zu schaffen oder wegzugehen. »Der Mord wird in diesem *Polizeiruf 110* zur Nebensache, im Vordergrund steht das psychologische Netz der gegenseitigen Verstrickungen.« (*Süddeutsche Zeitung*, 16.10.93)

Da sind die Besitzerin des »Blue Dream« (Gudrun Ritter) und ihr Mann (Gerd Preusche), deren unglückliche graue Gesichter so gut in diese verlassene Landschaft passen, die durch die Jahre, die sie verheiratet sind, verbunden sind. Es geht nicht mehr um Gefühle oder um Leidenschaft, es geht um Waffengeschäfte, um Geld, mit dem Träume erfüllt werden sollen. Ihr Wunsch ist es, das Haus zu verkaufen und wegzugehen, und er hofft darauf, mit Natalie einen neuen Anfang zu machen. Da ist der Bundeswehroffizier Guido Welz (Hans Jürgen Hürrig), der für die Übergabe der alten NVA-Bestände verantwortlich war, der mitbeteiligt ist am Waffengeschäft.

Und da sind Natalie und Rita, die im »Blue Dream« kellnern. Sie könnten nicht gegensätzlicher sein, und sie verbindet nur eins: der Wunsch, ein neues Leben anzufangen. Natalie verfolgt ihr Ziel gradlinig, sie will nicht warten, bis ihr Chef irgendwann einmal mit ihr weggeht, sie will jetzt Geld und versucht es mit Erpressung. Rita soll mitmachen, sie will es auch, doch immer wieder wird sie unsicher. Im letzten Moment will sie die Sache fallenlassen. Unruhig ruckelt sie auf ihrem Stuhl hin und her, als die Trennung von Andreas gefeiert werden soll.

Katja Riemann gelingt es wunderbar, die innere Zerrissenheit von Rita in diesem einen Moment deutlich zu machen: raus wollen, einen Neuanfang wagen – und das Verhaftetsein in der Beziehung mit Andreas, mit dem trostlosen Leben, das sie führt. Entschlossenheit und Hoffnungslosigkeit können so nah beieinanderliegen.

Und schließlich gibt es Andreas, Ritas Mann, der vollkommen am Ende ist, der all ihre Fotos verbrennt, als sie geht, und der versucht, sich umzubringen; der sich wieder und wieder betrinkt, der ins »Blue Dream« kommt und versucht sie zurückzubekommen, weil ihm ohne Rita alles sinnlos erscheint.

Er nervt, er benimmt sich aufdringlich, fordernd, er tötet jegliches Mitleid in ihr ab. Sie will, daß er sie in Ruhe läßt, sie will ihm weh tun und spielt die Nuttennummer: Sie steigt auf den Tisch, zieht den Rock hoch: »Wer will, kann mit mir heute eine tolle Nacht verbringen«, sagt sie und schaut aufreizend in die Runde.

Die Verwandlungskunst der Katja Riemann: Innerhalb von wenigen Sekunden ist aus der verschüchterten Kellnerin in biederem weißem Pullover und knielangem schwarzem Rock eine junge verführerische Frau geworden, ohne weitere Schminke als die, die sie auch vorher schon getragen hat. Ohne die Kleider zu wechseln, ändert sie die ganze Persönlichkeit.

Und dann ist Natalie tot, ermordet mit drei Schüssen in den Rücken. Das Leben der Menschen im »Blue Dream« wird innerhalb der wenigen Tage, die die Untersuchung andauert, radikal verändert: Die Besitzerin der Bar wird wegen Waffenschmuggels ans BKA ausgeliefert, doch schon vorher war ihr Lebenstraum geplatzt, als ihr Mann ihr gestanden hat, daß er Natalie wirklich geliebt hat. Jetzt ist Natalie tot, er verhaftet und seine Ehe vollkommen am Ende. Nein, das Leben ist nicht glücklich. Der Offizier kommt gerade aus dem Krankenhaus von seiner schwangeren Frau zurück, als er wegen Beteiligung am Waffenschmuggel verhaftet wird – und wegen »Mord an Natalie Schuster«. Er beteuert, daß er es nicht war. Aber vor allem verändert sich das Leben von Andreas und Rita. Sie hat nach dem Tod ihrer Freundin solche Angst, sie traut sich auch der Polizei nicht viel zu sagen. Blaß sieht sie aus, Katja/Rita, so jung und so unsicher. Ihre Augen gehen unruhig hin und her, sie weiß nicht, was sie antworten soll. Die Kommissarin (Katrin Saß) schreit sie an, ihre beste Freundin sei tot, und sie habe nichts zu sagen. Aber was nützen Schreie bei einem Kind, das in seiner Angst gefangen ist? Und so wirkt Katja/Rita in diesem Moment wie ein junges Mädchen, das nicht weiß, was es denken, geschweige denn, was es sagen soll.

Sie flüchtet sich zu ihrem Mann, er traut seinen Augen nicht, als sie vor ihm steht. Gerade noch war er nach Ritas Auftritt in der Bar zusammengeschlagen worden, sie hatte ihm nicht geholfen, und jetzt ist sie da? Bei ihm? Er wird sich um sie kümmern, verspricht er, alles sei seine Schuld gewesen. Sie wird ruhig in seinem Arm, sie möchte ihm glauben, und deswegen glaubt sie ihm. Wie ein Engel liegt sie später in seinem Bett, ein Engel, der kurz versucht hatte, auszubrechen aus seiner vorgegebenen Welt, und der dann schnell wieder zurück ist, in der vermeintlichen Sicherheit.

Man hätte ihm so gerne geglaubt, daß er neu anfangen will, doch da war immer etwas in seinem Gesicht, das merkwürdig wirkte, er sah aus wie jemand, der verzweifelt an etwas festhielt, was gar nicht mehr da war. Sein ganzes Leben war Rita, und dieses ganze Leben schien an einem goldenen Faden zu hängen. Als der Anruf der Kommissarin kommt, ist Rita schon wieder ganz in der Rolle der lieben Hausfrau aufgegangen. Die Wohnung ist aufgeräumt, alles erscheint hell und ordentlich. Ob sie eigentlich denselben Regenmantel wie Natalie habe, und ob sie den in der Mordnacht getragen habe, will die Kommissarin wissen. Ja, natürlich hat sie denselben Mantel, und sie hatte ihn an in jener Nacht. Was will sie damit sagen? Rita versteht die Frage nicht – und sie versteht sie doch!

An den Bewegungen der Katja Riemann, an ihren Gesichtsausdrücken können wir ablesen, wie sie ganz allmählich versteht, oder besser: wie sie den Gedanken überhaupt zuläßt, den die Kommissarin da andeutet. Es ist eine Gratwanderung, die mit dem Schauspieler steht oder fällt. Andeuten, was die Figur sich selbst noch nicht eingesteht, was aber für den Zuschauer schon sichtbar werden soll.

Nervös sucht Rita den Mantel, begrüßt Andreas zerstreut, der sie voller Unruhe beobachtet. Dann sieht sie die herausgerissene Telefonschnur. Vielleicht hatte sie es schon am Telefon verstanden, aber es ist, als würde sie den Gedanken erst jetzt wirklich zulassen: Ihr galten die Schüsse, und Andreas, ihr Mann, steckt hinter der Sache. Er hält sie davon ab, das Haus zu verlassen, er hält sie davon ab, das Telefon zu benutzen, die Liebe wird zu hilfloser Aggression. Andreas vergewaltigt Rita. Sie ist wie erstarrt, sie beobachtet ihn gebannt, während er mit ihr schläft, angespannt, aufpassend, was er macht; solange er auf ihr ist, wird er sie nicht umbringen.

Szenen, in denen wir eine überzeugende, eine unbekannte Katja Riemann beobachten können. Eine, die viel in sich gekehrter ist, viel stummer, angespannter als in anderen Rollen. Das Opfer einer Situation, aber dennoch stark in ihrem Überlebenskampf. Katja Riemann in Szenen, die nicht durch die spritzigen und trockenen Dialoge wirken, die sie so gut beherrscht, sondern allein durch Mimik und Gestik.

Katja/Rita versucht ihren Mann zu beruhigen, sie geht auf seine Lügen ein, behauptet, daß sie ihn liebt, daß alles gut wird, aber ihre Augen sind voller Angst. Andreas glaubt ihr nicht mehr, er würgt sie, bis sie ohnmächtig ist, und er zündet die Wohnung an, sollen sie verbrennen, alle beide. Sie wacht auf, ersticht ihn mit der Schere, letzte Überlebenskraft, entsetzt starrt sie auf ihre blutverschmierten Hände, dann versucht sie sich zu retten. Eine Frau, die viel Angst hat, aber eine Frau, deren Wille zu leben stärker ist als die Angst, stärker als die schrecklichen Lebensumstände.

Frauen und Familie

In einigen TV-Produktionen hatte Katja Riemann auch Gelegenheit, Frauen darzustellen, die in der einen oder anderen Form mit dem Thema »Familie« konfrontiert werden. Entweder weil sie schwanger sind und kurz davor stehen, so etwas wie eine eigene Familie zu gründen, so wie Andrea, die sich in *Andere Umstände – Drei Männer und ein Baby* von Bettina Woernle gleich mit drei potentiellen Vätern herumschlägt. Oder weil diese Frauen schon ein Kind haben und für das Glück dieses Kindes einstehen, dafür kämpfen, so wie jene Mutter in *Himmel und Hölle* von Hans-Christian Schmid, die um ihre Tochter kämpft. Frauen, die sich nicht unterkriegen lassen, die ihre eigene Vorstellung vom Leben haben und die sich durchboxen können.

Andrea ist Segellehrerin, gemeinsam mit ihrer Freundin hat sie eine Schule aufgemacht. Wenn sie tagsüber auf dem Wasser ist, dann weht ihr der Wind durch die Haare, das Gesicht ist vom Wind gerötet, die Augen glänzen. Stolz wirkt sie und glücklich über das, was sie aufgebaut hat. Und jetzt? Jetzt ist sie schwanger, im dritten Monat.

Szenenwechsel: Ein junger Mann sitzt in einer teuren Wohnung an einem Flügel, spielt ein gefühlvolles Musikstück und erklärt der Freundin entzückt: »Habe ich für dich komponiert.« Oliver (Rainer Grenkowitz) ist Geschäftsmann und Romantiker. Er spricht davon, zusammenzubleiben, vielleicht zu heiraten.

»Ich bin schwanger«, sagt Andrea ohne Umschweife und fügt hinzu, daß sie nicht weiß, ob es von ihm ist.

Katja Riemann in einer Rolle, in der sie eine ganz natürliche, lebenslustige, sehr moderne junge Frau spielt. Der Charme liegt hier nicht in einer verhaltenen oder zwiespältigen Darstellung, sondern in der Offenheit der Figur, in ihrem steten Bemühen, einen lebenswerten Weg zu finden, und im Glück über die Schwangerschaft. Sie kann wunderbar lachen.

»Die Rolle in *Andere Umstände*, die wollte Katja Riemann unbedingt spielen«, erinnert sich Regisseurin Bettina Woernle. »Sie war damals noch nicht so bekannt, sie war noch kein Star. Ich hatte sie in *Von Gewalt keine Rede* gesehen, da fand ich sie irre gut.«

Andrea hat es mit genau drei potentiellen Vätern zu tun, mit Oliver, dem Mann der Stunde, mit Rüdiger (Hannes Jaenicke), dem Segellehrer, der eigentlich mit ihrer Freundin zusammen ist, und mit Bernd (Alexander Hauff), dem Künstler, ihrem Ex.

Die drei Männer reagieren sehr unterschiedlich auf die Neuigkeit, und davon erzählt der Film, drei Männer und ein Baby, drei Männer und Andrea.

Der Segellehrer hat eigentlich wenig Lust auf Alimente, aber irgendwie ist er doch ganz durcheinander von der Vorstellung, daß das sein Kind sein könnte. Der Künstler wäre wirk-

Bettina Woernle

lich gerne Vater und fängt sofort an, sich auf die mögliche
neue Rolle vorzubereiten. Er studiert nicht nur Babybücher,
sondern auch Schwangere. Das geht so weit, daß er sich Kas-
setten mit den Aufnahmen der Bauchtöne einer Schwangeren
anhört. Künstlerisch fällt er sofort in die sogenannte ›Embryonalphase‹. (Die Figur des Bernd ist ein gut gelungener
Seitenhieb auf die ›Religion‹, zu der manche Paare die
Schwangerschaft erheben.) Der Geschäftsmann bietet alle
finanziellen Sicherheiten, die man seiner Meinung nach
so braucht als Familienvater. Schließlich muß der wirtschaft-
liche Rückhalt gesichert werden, das bedeutet im Klartext:
ein Babysitter und eine Putzfrau und und und …
Überhaupt reden alle vom Geld, die Männer, die beste Freundin, jeder fragt sich, wie man es durchkriegen soll, das Kind.
Nur eine alte Freundin, die selbst gerade erst Mutter geworden ist, die redet von etwas anderem, von der Liebe, die das
Kind in erster Linie braucht. Schöne Szenen, wenn Andrea

mit dem Baby in ihrem Bauch redet. Sie nennt ihr ungeborenes Kind Pünktchen. Manchmal hat sie auch zuviel Angst vor allem, dann weiß sie nicht, wie es gehen wird, ob es gehen wird. Dann kann sie sich nicht vorstellen, Mutter zu sein, und erst recht nicht, den passenden Vater dazu an ihrer Seite zu haben. Als ihr mal wieder schlecht ist, macht sie einen ›Deal‹ mit Pünktchen: »Du läßt mich in Ruhe, und ich lasse dich in Ruhe, egal ob Oliver mitmacht oder nicht.«

Es macht so einen selbstverständlichen Eindruck, wie Katja Riemann die verschiedenen Stadien einer Schwangerschaft spielt, die verschiedenen Empfindungen, fast übergangslos und doch jede Phase auf ihre Art intensiv, eigen. »Ich weiß nicht, wie Katja sich vorbereitet hat, aber sie war sehr gut vorbereitet, sie hat das wirklich gut gemacht. Sie hatte schon mal bei Peter Timm eine Schwangere gespielt und dann bei mir. Als sie dann selbst schwanger war, dachte ich noch, na jetzt ist sie ja gut vorbereitet.« (Bettina Woernle)

Einmal, als Andrea mit Oliver zum Ultraschall geht, da guckt sie ganz glücklich, strahlend, jung. Ein anderes Mal ist sie zu Hause, alleine, sie steht vor dem Spiegel, die Musik ist laut, und sie tanzt vor dem Spiegel Twist, ganz selbstvergessen, mit ihrem dicken Bauch, stolz und fröhlich. Es ist dieses Einfach-nur-einen-ganz-offenen-Blick-Haben, ein Strahlen hineinzulegen und möglicherweise auf einmal Tränen in den Augen zu haben, anfangen zu weinen. Aus heiterem Himmel, Hormonschwankungen.

»Katja Riemann macht bei der Arbeit selbst viele Vorschläge«, erklärt die Regisseurin weiter. »Sie geht auch auf Vorschläge ein. Sie ist nicht eine, die eine Vorstellung hat und diese dann durchboxt, aber sie kämpft in einem positiven Sinne um ihre Rolle. Ich habe das als eine sehr konstruktive Arbeit in Erinnerung, weil sie auch so eine Leichtigkeit in der Arbeit hat, sie ist schnell in der Auffassung und im Aufgreifen von Vorschlägen. Ich habe wirklich viel Spaß gehabt, mit ihr zu arbeiten.«

Die drei Männer in Andreas Leben beschäftigen sich derweil auf unterschiedliche Art und Weise mit ihrer möglichen Vaterrolle, mit ihrer Vorstellung davon, was es heißt, ein Kind zu bekommen, und was – ihrer Meinung nach – das Beste für Andrea sei. Sie agieren, sie raten ihr, sie passen auf sie auf, geben ihr Ratschläge. Erst sehr spät kommt mal einer auf die Idee, nach ihren Wünschen und Bedürfnissen zu fragen, Oliver. Katja/Andrea sieht ihn mit einem dieser offenen Blicke an: »Ich will mein Kind kriegen, ich will meine Freunde nicht verlieren, ich will meinen Job machen und ich will dich!«

Die echte und die Kinomutter: Katja Riemann und Petra Zieser, ihre Freundin, mit Kind in Bettina Woernles ›Andere Umstände‹

Andere Szenerie, andere Landschaft, ein anderer Film: *Himmel und Hölle von* Hans-Christian Schmid. Eine Mutter kommt mit ihrer Tochter in einem alten Bauernhaus an, im Haus stehen überall Umzugskartons. »Ich will wieder nach München«, sagt das Mädchen mit frustrierter Stimme.

Katja Riemann ist die Mutter der kleinen Nina (Aline Metzner), liebevoll nimmt sie die Sorgen der Kleinen ernst, versucht, sie zu trösten wegen des Verlusts der gewohnten Umgebung und der Freunde. Sie weiß, daß es hart ist für das Mädchen, sich ganz neu einzugewöhnen, aber hier hat sie Arbeit, die hatte sie in München nicht. Ihre sparsamen Bemerkungen lassen darauf schließen, daß sie sich von ihrem Mann getrennt hat, und nun ist sie alleine mit Tochter Nina.

Mutter und Tochter beschließen, sich einen wunderbaren Sonntag zu machen. In der Kirche fangen sie an. Allerdings weniger, weil sie so wahnsinnig gläubig sind, sondern eher, weil es ja schließlich nichts schaden kann, das Dorf kennenzulernen. In kleinen, unaufdringlichen Szenen deutet der Film auf die Schwierigkeit hin, die einer alleinerziehenden Mutter entstehen: Sie kann sich nicht so intensiv um das Kind kümmern, vieles muß die Kleine alleine bewältigen, so wie den ersten Schultag. Alleine fährt Nina mit dem Rad durch die unbekannte neue Landschaft, in der ein riesengroßes Kreuz einen unübersehbaren Hinweis auf die religiöse Stimmung in der Gegend gibt. Der Unterrichtsanfang gestaltet sich merkwürdig. »Wer gestern im Gottesdienst war, darf sich setzen«, sagt die Lehrerin, Frau Singer. Sie predigt Reinheit, und die Schülerinnen und Schüler haben ihre Lektion gelernt: Lieber einen Badeanzug als einen Bikini, keine Miniröcke. Hannelore Hoger verkörpert wunderbar diese gestrenge Lehrerin. Sie nimmt Nina unter ihre Fittiche und schlägt ihr vor, sie in die Gruppe der Wölflinge aufzunehmen. Alle sind in der Gruppe, und Nina spürt, daß sie dazugehören muß.

Nina freundet sich mit Miriam (Shirli Volk) an, und anhand dieser Freundschaft wird sehr einprägsam dargestellt, wie einfach es ist, die Bedürfnisse von Kindern und Jugendlichen nach Anerkennung und Liebe auszunützen und zu benutzen. Nina saugt die neuen Gesetze und Vorgaben in sich auf, ge-

Mutter und Tochter in Angst. Katja Riemann und Aline Metzner in Hans-Christian Schmids Sekten-Thriller ›Himmel und Hölle‹

nießt die Gruppenzugehörigkeit, die Ordnung der Wölflinge und die Anerkennung, die sie für Fleiß und Religiosität erhält. Angst bekommt sie um ihre Mutter, die es merkwürdig findet, daß Nina in Uniform rumläuft und Gebete spricht, die selbst nie betet und einen Freund hat, die in Miniröcken rumläuft und in tief dekolletierten Oberteilen und die deswegen sicher in die Hölle kommt.

Katja Riemann spielt diese junge alleinerziehende Mutter wunderbar dezent, aber immer so, daß ihre Präsenz spürbar ist. Wenn Nina sich den Wölflingen anschließt, beobachtet sie leise die Veränderungen ihrer Tochter. Ohne daß es verbal thematisiert wird, macht sie deutlich, wie schwierig es ist, das Leben der Tochter aufmerksam mitzuverfolgen und dennoch nicht zu sehr einzugreifen. Etwa, wenn sie sieht, daß ihre Tochter immer mehr betet, wenn sie merkwürdige Verhaltensweisen bemerkt, wie zum Beispiel, daß sich Nina nicht mehr vor der Mutter ausziehen will, daß sie versucht, ihre Mutter von bestimmten Fernsehfilmen abzubringen, sie unbedingt bewegen will, in die Kirche zu kommen. Es ist eine Gratwanderung, einerseits der Tochter den notwendigen Freiraum zu lassen, andererseits da einzugreifen, wo man als Erwachsener merkt, daß Kinder sich verrennen oder in Gefahr sind.

Die Gefahr erkennt sie spätestens dann, wenn sie die Kassette anhört, die Nina von ihrer Lehrerin erhalten hat: Hier wird vorgeführt, wie ein junges Mädchen sich vor der Sünde schützen will und dafür lieber zu Tode kommt. Katja Riemann: entsetztes Gesicht, Angst in den Augen, starrer Blick, Erschrecken – all das wird in dem einen Moment deutlich, als sie sich die Kassette anhört. Entsetzen, das sich wenig später in tatkräftige Aktion wandelt. Die Mutter begegnet den Entwicklungen mit kämpferischer Haltung und ist damit eine sehr vorbildhafte Figur. Sie geht zu Frau Singer, in eine Wohnung, die angefüllt ist mit Gottesfiguren. Frau Singer ist blaß, sie hat eine tiefe, ernste Stimme: »In diesem Alter brauchen die Kinder eine klare Vorstellung von Gut und Böse ...« Mit wunderbar klarem Kopf streitet sich die Mutter mit der Lehrerin: In ihrer Stimme schwingt die ganze Furcht um ihre Tochter mit. Nein, sie will nicht, daß man ihrem Kind angst macht, sie will nicht, daß Nina vor lauter Höllenangst nicht mehr klar denken kann.

Und das vernunftgemäße Denken, das wird ausgeschaltet,

wenn die Lehrerin ihren Schülern Geschichten erzählt über Dämonen und Engel, über die Apokalypse, das letzte Gefecht, das unmittelbar bevorsteht. »Wir müssen den Engeln zur Seite stehen«, überzeugt sie die Kinder, »an Allerheiligen werden die Fleißigsten geweiht, damit sie dann am Kampf der Apokalypse teilnehmen.« Nina ist begeistert, sie ist auserwählt, und die Verbote der Mutter, weiter an der Gruppe teilzunehmen, ignoriert sie. Allerdings wird ihre beste Freundin Miriam nicht zur Weihe zugelassen. Dunkelhaarige Mädchen seien anfällig für Dämonen. Miriam kommt nicht mehr zur Gruppe, und allmählich wächst in Nina die Überzeugung, daß ihre Freundin tatsächlich von einem Dämon befallen ist. Doch Dämonen erkennt man laut Frau Singer erst, wenn das Tier oder der Mensch, der von ihnen befallen ist, tot ist.

Wie grausam solche Geschichten vom Teufel, von Gut und Böse, von Dämonen auf Kinder wirken, zeigt der Film: Bei einem Streit stößt Nina Miriam ins Wasser, obwohl Miriam nicht schwimmen kann: »Jetzt wird alles gut, der Dämon ist tot, glaube ich«, sagt sie zu ihrer Mutter, die Miriam in letzter Sekunde retten kann. Unerschrocken, ängstlich besorgt um ihre Tochter.

Sehr authentisch und überzeugend verkörpert Katja Riemann diese junge Frau, der es gelingt, einen ganz klaren Kopf zu behalten in einer sehr verwirrten Welt.

4. Männer, Frauen, niemand kannst du trauen – Der große Durchbruch im Kino

Katja Riemann spielte im Laufe ihrer Karriere in Kinofilmen, die ganz unterschiedlichen Genres angehören: Am Anfang ihrer Kinokarriere stand die Komödie *Ein Mann für jede Tonart*; bald schon machten sie dann *Abgeschminkt* und *Stadtgespräch* einem großen Kinopublikum bekannt, und wenig später war sie an der Seite von Til Schweiger und Joachim Król in Sönke Wortmanns Publikumsliebling *Der bewegte Mann* zu sehen. Aber sie spielte genauso in dem Actionfilm *Nur aus Liebe* und in der amüsanten Science-fiction-Story *Nur über meine Leiche*. Beides Werke, in denen man neben diesem wunderbaren Humor, mit dem Katja Riemann ihr Publikum erober-

Preisverleihung – Bayerischer Filmpreis 1994; André Eisermann (Kaspar Hauser), Katja Riemann (Ein Mann für jede Tonart/Abgeschminkt), Wim Wenders (In weiter Ferne so nahe), Katja von Garnier (Abgeschminkt)

Ein Mann für jede Tonart: Ob Uwe Ochsenknecht oder Henry Hüb-
chen – Katja Riemann kann sich nicht entscheiden

te, ganz unterschiedliche Charakterdarstellungen genießen
kann.

Ein Mann für jede Tonart

Mit der Darstellung der Pauline in *Ein Mann für jede Tonart*
(1992) gibt Katja Riemann ihr Kinodebüt und spielt sich in
die Herzen der Zuschauer. Mit frischem, unverbrauchtem

Musikkritiker Lalinde (Henry Hübchen) und Pauline Frohmut (Katja Riemann), die große Altistin, in ›Ein Mann für jede Tonart‹

Charme fegt sie über die Leinwand, ein Charme, der sich im einen Moment mädchenhaft gibt und im nächsten ganz weiblich und kokett ist. Lachend fängt sie eine Szene an, um sie ganz traurig zu beenden. Oder aber sie läßt weinend den Kopf sinken, um dann durch Tränen, die sanft an ihren Wimpern kleben, aufzuschauen und nur mit den Augen ganz leicht zu lächeln. Ein Wechselspiel von menschlichen Regungen, in denen sich der Zuschauer wiederfinden kann – wenn er sich darauf einläßt.

Ein alter VW-Käfer, zitronengelb, stehengeblieben auf einer vollkommen regennassen Straße, und eine junge Frau, die mit einer Mischung aus Wut und Verzweiflung dasteht und Ausschau nach jemandem hält, der sie aus dieser mißlichen Lage retten kann. Katja Riemann alias Pauline Frohmut hat die

Er betet sie an – Dr. Porsche (Uwe Ochsenknecht) und die Altistin Pauline (Katja Riemann)

Augen zusammengekniffen, Regentropfen laufen ihr über das Gesicht, die Haare hängen in nassen Strähnen herunter, und in Sekundenschnelle ist sie bis auf die Knochen durchnäßt. Hektisch läuft sie vor dem Auto hin und her, wendet den Blick hilflos suchend die Straße hinauf und hinunter. Angst und Wachsamkeit spiegeln sich in ihren Augen. Angst davor, die Situation nicht in den Griff zu bekommen, aber wachsam nach Hilfe suchend. Der Augenaufschlag ist ein einziges: »Das darf doch jetzt nicht wahr sein!«

Katja Riemann in der ersten Szene dieses ersten langen Kinofilms: Angedeutet werden diese typischen, hektischen, leicht abgehackten Bewegungen, der unruhige, charmante Blick. Eine Haltung, die Kampfgeist ansagt. Nein, diese junge Frau wird sich nicht unterkriegen lassen.

Katja Riemann ist Pauline Frohmut, Altistin, sie singt Solopartien in größeren Orchestern, für Kirchenchöre und auch schon mal im Background für eine Plattenaufnahme von Heino (der sich übrigens tatsächlich für dieses kurze Gastspiel von Regisseur Peter Timm verpflichten ließ). Aber jetzt ist sie auf dem Weg in die Philharmonie, es ist das erste Konzert, das im Radio übertragen wird, und dann so was. Wann bleibt ein VW-Käfer schon mal stehen? Aber natürlich, wenn Pauline ihre große Chance hat, dann versagt der deutsche Volkswagen.

Ein Porsche hält, ein amüsierter Fahrer (Uwe Ochsenknecht) verspricht der durchnäßten Dame, sie in die Philharmonie zu fahren. Während der abendliche Retter seine Fahrkünste unter Beweis stellt, versucht sie das, was von ihrer Frisur übriggeblieben ist, mit Gel zu retten. Schließlich tauscht sie – sehr zum Vergnügen ihres Helden – den durchnäßten Pulli gegen ein Abendkleid. Aus dem Radio tönt bereits Verdis Requiem, und es sind nun wirklich nur noch wenige Augenblicke bis zum Auftritt.

Wenn Pauline Frohmut gerade pünktlich zu ihrem Einsatz auf die Bühne rauscht, wenn sie anfängt zu singen, dann ist man versucht, diesen paßgenauen Auftritt von Pauline mit dem ersten Erscheinen von Katja Riemann auf der Leinwand zu vergleichen. Mit einer emsigen Energie treibt es Pauline vorwärts, ihre kleinen Erfolge verdankt sie Arbeit und Ausdauer sowie einem kämpferischen Vorgehen. Und jetzt steht sie da, wird nach dem Auftritt von den Zuschauern und der Presse umjubelt. Bravo Pauline, bravo Katja.

Über die Qualität der Story des Films, der nach einem Roman von Hera Lind entstand, kann man streiten. Aber er leistet in jedem Fall eines: Er gewährt einen ersten Blick auf das Talent einer Schauspielerin, die es inzwischen zu einer sehr beachtlichen Karriere gebracht hat.

»Von verheirateten Männern lasse ich grundsätzlich die Finger«, erklärt Pauline ihrer Freundin Uschi (Maren Schumacher), und kurz darauf hat sie gleich zwei am Bändel, zwei Männer, wie sie verschiedener nicht sein könnten: den Musikkritiker Georg (Henry Hübchen), der in der Zeitung ein Loblied über sie schreibt, und den forschen Arzt Klaus, der bald schon den Spitznamen Dr. Porsche weghat. Beide sind mehr oder weniger glücklich verheiratet, beide bemühen sich auf ihre eigene Art und Weise um Pauline.

Kritiker Georg kommt mit Blumen: »Ich liebe Sie«, sagt er mit schüchternem Augenaufschlag. Pauline schaut zu Boden, überrascht von dieser direkten Aussage, in ihren Augen spiegelt sich dieser verschüchterte Mädchenblick. Als sie hochschaut, sind es die Augen einer Frau, die sagen: Wir werden miteinander ins Bett gehen. Dr. Porsche, wie Pauline ihren Arzt inzwischen nennt, kommt mit Champagner, möchte verführen, ein bißchen selbstgefällig, aber tolpatschig-charmant. Es dauert länger, bis die beiden ein Verhältnis anfangen.

Zwei verheiratete Männer, das ist nicht gerade das, was sich Pauline erhofft hatte. »Das ist keine Oper, das ist das wahre Leben«, stellt sie dann auch verwirrt und aufgewühlt fest, als sie mit Georg die Oper besucht und im Foyer Dr. Porsche erblickt. »Zwei Männer, eine Frau. Drama – Liebe – Eifersucht – Mord – Wahnsinn – alles wegen mir, wegen Pauline Frohmut.« Kurzerhand verläßt sie die Oper, zu Hause guckt sie einen dieser wunderbaren Kitschfilme, die sich so hervorragend dazu eignen, die Tränen zu weinen, die man dem eigenen Schmerz nicht gönnen will.

Aber die Sache klärt sich schneller, als Pauline glaubt: Als sie schwanger wird, verlassen sowohl Georg als auch Klaus sie. Erst zur Geburt taucht dann doch durch ein wenig Nachhilfe von Paulines Freundin Klaus wieder auf. Die Schwangerschaftskurse besucht sie mit Freundin Uschi, die dafür ein Engagement in Florida sausenläßt. Frauenpower.

Katja/Pauline zeigt etwas von dieser Kraft, die ihren Figuren oftmals innewohnt. Kraft, die es erlaubt, schwierige Situationen zu meistern, sich nicht unterkriegen zu lassen. Es ist eine Stärke, die nicht zuletzt mit der Unterstützung einer guten Freundin erst wächst.

Das gibt schon einen Vorgeschmack auf den nächsten Film, mit dem sie einen Riesenerfolg im Kino hatte: *Abgeschminkt* von Katja von Garnier. Genauso wie andere Filme, die sie in den nächsten Jahren drehen wird, *Küß mich!* und *Nur über meine Leiche*, ist *Abgeschminkt* von einer Regisseurin, die damals noch keinen Namen hatte. »Das ist eben meine Generation. Wir verstehen uns am besten, ich finde, die brennen am meisten«, sagt Katja Riemann (in: *Focus* 44/95) und hat im Fall von *Abgeschminkt* sicher das richtige Gespür bewiesen (siehe hierzu Kapitel 6).

Der bewegte Mann

Schon bald steht Katja Riemann für eine Komödie vor der Kamera, die auch ein relativ junger Regisseur gemacht hat, aber einer, der damals schon als einer der besonders vielversprechenden Regisseure in Deutschland gehandelt wurde: Sönke Wortmann. Er besetzt Katja Riemann in einer der ganz großen Erfolgskomödien der letzten Jahre: *Der bewegte Mann* (1994).

Gemeinsam mit Til Schweiger und Joachim Kròl sorgt sie für – betrachtet man die damaligen Verhältnisse – Rekordbesucherzahlen im deutschen Kino.

Auch wenn in diesem Film unzweifelhaft die Männer Til Schweiger und Joachim Kròl im Mittelpunkt stehen, ist es Katja Riemann, die der Geschichte ihre einzigartige sympathische weibliche Komik verleiht. Kaum jemand kommt umhin zu bemerken, daß sie genau das hat, was ihr schon wenig später Regisseur Rainer Kaufmann bestätigt:»Kinopräsenz«. Es ist die Fähigkeit, den Zuschauer in jeder Sekunde des Films zu verführen, ihn in ihren Bann zu ziehen und einen ganzen Film lang nicht mehr loszulassen.

›Raucherpause‹ könnte man das folgende Bild überschreiben: Eine Toilettenkabine, eine aufgeschlagene Zeitung, die von zwei Händen gehalten wird. In der rechten Hand qualmt eine Zigarette, am unteren Rand der Zeitung lugen zwei Füße hervor, die sicher auf dem Klodeckel stehen, alles andere wird von der Zeitung versteckt. Auf einmal sind Stimmen im Toilettenraum zu hören, eine Tür wird geöffnet und wieder geschlossen, dann sind sehr eindeutige Geräusche aus der Kabine nebenan zu hören. Langsam senkt sich die Zeitung, und zwei blaue Augen schauen schmunzelnd in die Kamera. Die Zigarette wird langsam zum Mund geführt, das Grinsen wird breiter. Dann fällt eine Kabine weiter ein Schlüsselbund zu Boden, die blauen Augen senken sich, der Körper erstarrt, und das Lächeln erfriert innerhalb der nächsten Sekunde. »Hallo Axel, willst du mir die Dame nicht vorstellen?« fragt eine kühle Stimme und schaut über die Toilettentrennwand auf besagten Axel (Til Schweiger) und eine junge Frau herunter. Axels betroffener Blick ist Antwort genug, und ihr entschlossener Gesichtsausdruck verheißt nichts Gutes: »Morgen abend bist du raus aus meiner Wohnung.« Eine kurze Szene, Katja Riemann spielt mit leichter Mimik, schnell wechselnden Blicken, das amüsierte Lächeln wird zu einem erschrockenen Blick, dann blitzt Wut aus ihren Augen, Enttäuschung macht sich breit, die bald schon einem entschlossenen Ausdruck weicht.

Als Axel ausgezogen ist, sitzt Doro/Katja auf dem Sofa in irgendeiner Yuppie-Wohnung und küßt mehr oder weniger leidenschaftlich einen jungen Mann (Kai Wiesinger) im zur

Til Schweiger und Sönke Wortmann

Wohnung passenden Outfit. Auf einmal stößt sie ihn weg: »Ich kann nicht«, sagt sie kurz entschlossen, schaut zu Boden, beißt sich auf die Lippen, rückt Kleid und Haare zurecht. Katja Riemann gibt dieser Szene das ganze unsichere Gebaren einer unangenehmen Situation und drückt gleichsam unverrückbare Entschlossenheit aus. Ihr Gegenüber sieht den Beischlaf ernsthaft gefährdet und schlägt ihr vor, über ihr Problem zu sprechen. »Ich habe kein Problem«, findet Doro trocken, »aber ich gehe jetzt nach Hause.« Sie läßt einen aufgebrachten Geschäftsmann zurück, der ihr wütende Schimpftiraden hinterherschickt nach dem Motto: »Der Freitagabend ist doch gelaufen, meinst du, ich ziehe jetzt los und reiße noch mal eine andere auf?«

Das Ding mit der schnellen Nummer läuft nicht, kein One-Night-Stand, solange ihre Gedanken bei Axel sind. Aber als ob das ihre einzige Sorge wäre ... Rauchend und nervös sitzt sie vor einem Schwangerschaftstest, betrachtet den rosa Punkt, der ein eindeutiges Zeichen dafür ist, daß sie schwanger ist. Sie starrt ihn an, ohne etwas wahrzunehmen, sie ignoriert die Farbveränderung. Ihre Freundin macht sie darauf aufmerksam, Katja/Doro setzt die Brille auf, setzt sie ab, schaut die Freundin an: »Du spinnst.« Vielleicht kann man der Wahrheit ein Schnippchen schlagen, wenn man sie nur entschlossen genug abstreitet. Wieder sind es diese kurzen Gesten, die minimalen Blicke der Schauspielerin, die die Komik der Situation ausmachen. »Hurra«, sagt sie dann nur noch mit Grabesstimme, als das Leugnen nichts mehr hilft.

Während Doros Freundin (Martina Gedeck) sie mit Engelszungen davon abhalten will, das Kind zu kriegen, redet sie von Heirat. Sie will dieses Kind, und sie will es mit Axel. Ihre Freundinnen sind entsetzt, wie kann man nur in der heutigen Zeit ein Kind kriegen, die Umweltverschmutzung und die Bedrohung durch die Atombombe sollten einen doch wirklich eines Besseren belehren. Und dann auch noch von »dem Arschloch« Axel, wie ihre Freundin Jutta scharf bemerkt. »Wenn ihn einer Arschloch nennen darf, dann bin ich das«, weist Doro den Angriff schlagfertig zurück, und damit ist das Thema für sie beendet. Bleibt nur noch ein Problem, nämlich: Axel überhaupt zu finden. Der ist inzwischen bei dem schwu-

Katja Riemann in Sönke Wortmanns ›Der bewegte Mann‹

len Norbert (Joachim Król) untergekommen, der sich Hals über Kopf in Axel verliebt hat und heimlich hofft, den Hetero doch noch umstimmen zu können.

Nach langem vergeblichem Suchen findet Doro Axel in ihrer eigenen Wohnung. Allerdings hatte sie sich dieses Wiedersehen etwas anders vorgestellt: Axel wirkt nämlich ziemlich merkwürdig, als er leicht betroffen vor ihr steht. »Hast du eine Frau hier? In meiner Wohnung?« vermutet sie und ahnt nicht, daß die Frau ein Mann ist, der Norbert heißt, der schwul

Familienglück! Til Schweiger und Katja Riemann

ist und der just versucht hatte, ihren Axel zu verführen. »O nein, sie ist nicht im Kleiderschrank«, bemerkt sie trocken mit einem leicht panischen, sehr wachen Blick in den Augen. Einem Blick, der all jenen Frauen eigen ist, die von eifersüchtigen Vermutungen geplagt sind.

Über die Komödie, über die Komik hat Katja Riemann einmal gesagt:»Komödie muß genauso ernst genommen werden in ihrer Story, ihrer Dringlichkeit, in den Nöten der Figuren wie jegliche dramatische oder melancholische Geschichte.

Die Figuren müssen lebendig gemacht werden und dürfen niemals von den Schauspielern denunziert werden, um Lacher zu erzeugen. Das heißt, sobald der Schauspieler die Figur aufgegriffen hat, kommt man an einen Punkt, der großes handwerkliches Können verlangt, Timing, Rhythmus, Musikalität und so weiter: der ›Bau‹ des Gags, die Klammer also, innerhalb derer alles, was die Figur an Emotionalität, Leidenschaft, was auch immer, besitzt, vorkommen muß. Das konstituiert den Rhythmus der Komödie und läßt sie komisch werden.« (in: *FAZ*-Magazin, 22.9.95)

»Timing, Rhythmus, Musikalität« – genau das meinen wir in diesen kleinen Szenen wiederzufinden, die Katja alias Doro interpretiert und die mit einer ungeheuren Leichtigkeit daherkommen. »Und das Schwerste daran ist, daß es ganz einfach wirken muß«, heißt es im Vilsmaier-Film *Comedian Harmonists*, als es um den neuen unvergeßlichen Sound der Gruppe geht – ein Satz, der genauso treffend für die Komödie ist.

Eine der wohl unvergeßlichsten Szenen, die wir von Katja Riemann kennen, ist sicher die ›Kleiderschrankszene‹; in ihrer Kürze scheint sie die ganze Kunst der Komik zu bergen. Doro macht die Schranktür auf, sieht Norbert, schließt die Türe. Langsam setzt sie ihre Brille auf und steht dann erneut fassungslos vor dem diesmal geöffneten Kleiderschrank, ihre Augen wirken riesig hinter der überdimensionalen Brille, das Gesicht klein unter der schwarzen Baskenmütze, die ihr blondes Haar zusammenhält.

Aber schließlich ist Doro schwanger, und Axel freut sich so sehr und so ehrlich darüber, daß Doro nicht anders kann, als ihm versöhnt in die Arme zu sinken. Von nun an will er sich ganz Doro und dem Kind widmen, schon bald wird geheiratet. Die Schwulentruppe Waltraud, Norbert und Fränzchen überrascht Axel vor der Kirche, aber niemand hat mit Doros übersteigerter Reaktion gerechnet: Wütend verläßt sie die Hochzeit und geht nach Hause. Die Arme über dem schon beachtlichen Bauch verschränkt, die Augenbrauen zusammengekniffen, den Blick starr geradeaus gerichtet und ganz lauter Heavy-Metal-Sound – ein trotziges, wütendes Kind, das das Gefühl hat, alle wären gegen es.

Axel kommt, beruhigt sie, versöhnt sie, und alles scheint okay zu sein. Wenn da nicht die Tatsache wäre, daß Axel nicht mehr mit Doro schlafen will, weil sie schwanger ist und er Hemmungen hat. Aber Gott sei Dank sind ja nicht alle jungen Frauen schwanger, und er organisiert auch schon bald ein Rendezvous in Norberts Wohnung. Doro kommt dahinter und beschließt, ihm einen Strich durch die Rechnung zu machen. Die folgenden Szenen sind hinlänglich bekannt: Doro kommt in die Wohnung und findet ihren Mann nackt auf dem Wohnzimmertisch, voll unter Drogen und den Namen einer anderen Frau murmelnd. Die Wehen setzen ein, und kurz entschlossen nimmt Norbert die ganze Sache in die Hand, er fährt Doro ins Krankenhaus und bleibt – zu seinem Entsetzen – bei der Geburt dabei. Nach der Geburt hört Doro verstört der Dame neben ihr zu, die redet vom Mutter- und vor allem

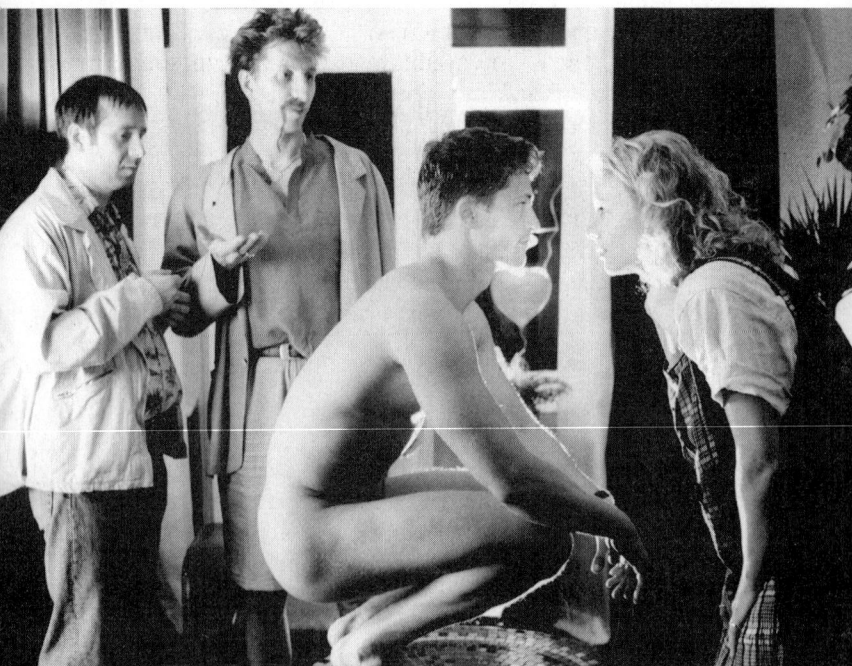

Eine unvergeßliche Szene: Katja Riemann und Til Schweiger in ›Der bewegte Mann‹

vom Familienglück, aber für Doro scheinen diese Sprüche böhmische Dörfer. Als Axel die Tür aufmacht, schreit sie ihn an: »Hau ab! Verschwinde, ich will dich nicht mehr sehen.«
Der deutsche Film erlebte seinen Durchbruch mit dem Genre der Komödie, und Katja Riemann hat das Publikum unter anderem mit ihrem charmanten und einnehmenden Witz verzaubert. Es ist die Kunst, komisch zu sein und die Menschen, die sie darstellt, sehr ernst zu nehmen, sie ›liebevoll‹ zu behandeln. Es ist dieser trockene Humor, den man den Menschen aus dem Norden nachsagt. Katja Riemann hat ihn wohl, und in den von ihr verkörperten Figuren findet man diesen Humor wieder.

Nur über meine Leiche

Nur über meine Leiche (1994/95) ist eine schwarze, eine gruselige Komödie, die nicht vorgibt, realistisch zu sein, sondern fast schon Science-fiction.
Katja Riemann, gesehen durch den Sucher einer kleinen Schwarzweiß-Videokamera: Mittelscheitel, die schulterlangen Haare adrett zur Seite gekämmt, eine zugeknöpfte, sehr spießige Bluse, nervöse, angespannte Handbewegungen. Das häßliche Entlein, die unscheinbare Frau, das Mauerblümchen, das keiner bemerkt, das keinen abbekommt. Nicht schön auf den ersten Blick, vielleicht auf den zweiten, doch wer macht sich schon die Mühe, noch mal hinzugucken? Eher gut und lieb, naiv, gutgläubig, etwas verloren auf der rauhen Seite des irdischen Daseins.
»Rita, unter Dreißig«, beginnt sie sich vor laufender Kamera vorzustellen. Fred (Christoph M. Orth), der Mann hinter der Kamera, gähnt verhalten. Wie oft war diese Rita Hauser nun schon bei ihm in der Partnervermittlung? »Ich wohne ziemlich weit draußen auf dem Land, ich habe da eine kleine Pension geerbt von meinem Onkel, und ich versuche, die gerade wieder auf Vordermann zu bringen. Ich engagiere mich für den Umweltschutz und den Tierschutz und für Kinder in der Dritten Welt. Na ja, und ich bin noch in so ein paar anderen Hilfsorganisationen. Ich denke überhaupt, wenn die Men-

schen sich etwas mehr helfen würden, dann wäre die Welt gar nicht so schrecklich, wie sie heute ist.« Fred unterbricht sie: »Wollen Sie einen Mann finden, oder wollen Sie heiliggesprochen werden?« Sie entschuldigt sich verlegen und fährt fort: »Ich liebe Opern, besonders tragische Opern, wo man weinen muß. Ich lege keinen Wert auf gutes Aussehen. Das Wichtigste ist mir, daß Sie ein gutes Herz haben. Vielleicht können wir uns ja mal zu einem Rendezvous treffen«, und sie öffnet ihren Mund zu einem breiten Grinsen: »Bis dahin muß ich auch die Spange nicht mehr tragen, ich habe bald einen Zahnarzt-Termin ...«

So hat man Katja Riemann noch nicht gesehen, eine kleine schüchterne Frau, die auch noch durch eine Zahnspange entstellt ist. Sie spielt in diesem Fall nicht eine dieser durchschnittlichen Frauen, die in der Regel in deutschen Filmen vorkommen. Katja Riemann spielt eine Außenseiterfigur, versucht, in ihr Herz zu schauen, ihre Wünsche und ihre Emotionen zu erfassen und darzustellen. »Bei dieser Rita ging es nicht darum, sie häßlich zu machen, sondern zu erzählen, daß es ein einsamer Mensch ist, ein unglücklicher Mensch, eine Frau, die kein Selbstbewußtsein hat und deswegen auch nicht Attraktivität auf Männer ausübt.« (KR in: *Tagesspiegel*, 14.9.95)

»Rita Hauser, unser Ladenhüter«, erklärt Fred dann auch schon überheblich der nächsten Kundin. Rita steht hinter der Tür, zufällig hört sie diese verletzende und abwertende Bemerkung.

Nur einen sehr kurzen Moment lang erlaubt die Kamera einen Blick auf Ritas Gesicht: Die Augen verzerren sich zu einem schmerzvollen Blick, keine Tränen, sondern unendliche Enttäuschung. Mehr als die zeitweise etwas mühsam anmutende Phantasiestory sind es diese Momente, die den Film sehenswert machen. Sie präsentieren eine Katja Riemann, die einmal mehr zeigen kann, daß sie »tatsächlich jene Art von Präsenz besitzt, die keinen Aufwand ahnen läßt, und jene Vertrautheit mit dem Publikum, die nicht in jeder Rolle um Glaubwürdigkeit buhlen muß«. (Michael Althen in: *Süddeutsche Zeitung*, 28.6.95)

Christoph M. Orth hofft, daß Katja Riemann ihn rettet. Szene aus Rainer Matsutanis Mysterie-Krimi ›Nur über meine Leiche‹

Rita wird bald nach dieser erniedrigenden Szene in der Partnervermittlung wieder auf jenen Fred treffen, der sie just so
schmählich behandelt hat: Unter einem riesigen Berg von
Kohlen liegt er in ihrem Keller, das Gesicht so schwarz wie
der Teufel. Teufel assoziiert Hölle, und genau da kommt er gerade her. Seine Frau Charlotte (Ulrike Folkerts), Besitzerin
der Partnervermittlung, hatte genug von Freds Eskapaden
mit allen möglichen weiblichen Klientinnen der Agentur und
hat ihn – um Geld zu sparen – umbringen lassen (Udo Kier
mörderisch in der Rolle des Profikillers). In der Hölle ange-
kommen, erhält Fred jedoch eine Chance: Wenn er innerhalb
von drei Nächten drei Frauenseelen rettet, dann bekommt er
sein Lebenslicht zurück. Helfen wird ihm dabei seine Mutter,
die zwar auch bereits verstorben ist, die aber eigens für diese
Mission wieder zu den Lebenden geschickt wird (als Pute).
Rita nimmt Fred bei sich auf und bietet ihm kurzerhand ihre
Hilfe an. Er erzählt ihr von seinem merkwürdigen Schicksal,
doch läßt sie sich zunächst nicht aus der Ruhe bringen. Rita
ist das, was man wahrscheinlich gemeinhin als gute Seele bezeichnen würde. Sie sieht ihre Aufgabe darin, anderen zu helfen, in der Regel sind das Tiere: Sie klaut Versuchskaninchen,
sie rettet sie vor einem qualvollen Tod. Sie hat sogar eine
Giftspritze und einen Friedhof für die Tiere, die sie selbst von
ihrem schrecklichen Leiden befreien muß. »Katja Riemann
als Rita mit skurril leisen, auch sehr zarten und traurigen Tö-
nen. Als permanentes Opfer aller Bösartigkeiten und zyni-
schen Spötteleien setzt sie sich mit stiller Würde durch und
haucht dem abgehobenen Genre-Mix das entscheidende Maß
an Menschlichkeit ein.« (Koll in: *filmdienst* 17/95)
Menschlichkeit ist tatsächlich das hervorstechende Merkmal
von Rita; das ist es, was dieser Frau ermöglicht, so unbedarft
durch die filmisch überspitzten Bösartigkeiten zu gelangen.
Sie nimmt die Dinge so, wie sie auf sie zukommen, sie reagiert
selbst nach dem Schock noch kühl, überlegt auf eine Art und
sehr herzlich: Sie schreit nicht, wird nicht hysterisch, sie versucht nicht vor der Situation wegzulaufen, sondern läßt sich
darauf ein. Ein Toter, okay, und seine tote Mutter, die ihre
Reinkarnation als Pute erlebt. Ein Mensch, der ihr übel mitgespielt hat, von dem sie aber aus irgendwelchen Gründen

Katja Riemann und Ulrike Folkerts in einer Drehpause von Rainer Matsutanis ›Nur über meine Leiche‹

glaubt, daß er ein guter Mensch ist, und der offensichtlich Probleme hat. Er muß drei Frauenseelen retten, um sein Lebenslicht zurückzuerhalten? Gut, sie wird ihm helfen.
Eine von den drei Seelen ist Freds Tochter Lisa (Julia Brendler), sechzehn Jahre alt. Gerade versuchen zwei miese kleine Kriminelle sie zur Prostitution zu zwingen, aber da kommt

Fred und rettet sie. Er kann alles riskieren, schließlich ist er tot, und niemand kann ihm etwas anhaben. Rita bringt Lisa in Sicherheit, und während Fred sich darüber beschwert, daß seine Tochter ihm noch nicht einmal seine Fragen beantwortet, hat Rita mit ihrer ruhigen, bedächtigen Art längst erkannt, daß sie stumm ist.

Katja Riemann bekommt in dieser Geschichte ausführlich Gelegenheit, mit ihrem Gesicht zu spielen, wenn sie die Figur der Rita eine ganz langsame, allmähliche Veränderung durchlaufen läßt. Facetten von Traurigkeit, von Einsamkeit, von Menschenscheu zu spielen, die aus einer tief geknickten Seele herrühren. Nicht umsonst erhielt sie für ihre Darstellung den Bundesfilmpreis. Ihr Verhalten schwankt zwischen Entschlossenheit, wenn es darum geht, Fred zu helfen, und Schüchternheit, wenn er ihr zu nahe kommt, wenn er ihr eine Sekunde zu lange in die Augen schaut.

Für Fred gilt es nun, die Seele von Lisas Mutter zu retten, die sich vor vierzehn Jahren aus dem Fenster gestürzt hat und seitdem nicht mehr zur Ruhe gekommen ist. Der Geist von Lisas Mutter kehrt zurück, ergreift Besitz von Ritas Körper und will nochmals springen. Fred überzeugt den Geist seiner Exehefrau davon, daß er sie immer noch liebt, er küßt sie, er küßt Rita. Die öffnet die Augen, der Geist hat sie verlassen. Mit einem sehr offenen Blick, so wie ihn wahrscheinlich nur sehr verliebte Menschen haben, sieht sie ihn an: »Haben Sie mich eben geküßt?«

In der festen Überzeugung, seine Frau Charlotte sei die dritte Frau, deren Seele er retten muß, überlegt er sich eine Taktik: Er muß sie davon überzeugen, daß er sie immer noch liebt. Fred hat bei Rita zu Hause ein wunderbares Abendmahl bereitet, bei Kerzenschein fängt er an, sie zu verwöhnen, fragt sie, ob sie Champagner möchte, lächelt sie hingebungsvoll an.

Rita hat dieselben Haare, die sie immer hatte, dieselben Wangen, der Mund, die Augen, alles ist gleich, nur der Ausdruck, der hat sich verändert, er verändert sich mit jedem Wort, das Fred spricht. Katja verleiht Rita dieses innere Strahlen, das keine Maske der Welt einem verleihen kann. Das kann man nur spielen, nur fühlen. Die Augen fangen an zu glänzen, die

Haut wird weich, das Lächeln schüchtern, verhalten, und die Bewegungen werden sicherer.

Aber genauso behutsam wie sich diese Veränderung vollzogen hat, so schnell geht alles wieder kaputt. Die Augen füllen sich mit Tränen, und das Gesicht erstarrt zu einer eisigen Maske, hinter der Rita versucht, eine Verletzung zu verstecken. Fred hat ihr gerade eröffnet, daß dies alles nur Show ist, er probt für einen Abend mit Charlotte. »Alles ist sehr überzeugend«, haucht sie und verläßt fluchtartig das Zimmer. Sie ist getroffen, zutiefst getroffen, und zum erstenmal reagiert sie heftig und ablehnend. Es tut weh, doch er versteht es nicht, er bemerkt nichts, fühlt nichts, ist so sehr mit sich und seiner Rettung beschäftigt, daß er ihre Gefühle gar nicht bemerkt.

Als es aber darum geht, daß jemand Charlotte zur großen Versöhnungsaktion abholen muß, ist sie zur Stelle. Sie sieht wunderbar aus, ganz klar, ganz natürlich, ganz offen und ungeschminkt. Aber neben Charlotte im weißen Kleid nimmt sie sich aus wie Aschenputtel. Aber Aschenputtel war ja eine Schönheit, eine versteckte, vergrabene Schönheit mit viel Herz. So ähnlich erscheint unsere Heldin, und wie es sich für ein Märchen geziemt, bekommt sie nach einigen schweren Abenteuern auch den Prinzen. Aber erst muß sie noch einen sehr heftigen Streit mit Fred austragen, einen Streit, der für sie beinahe tödlich endet: Charlotte stirbt infolge einer Vergiftung, Rita glaubt, schuld an ihrem Tod zu sein. Fred sieht nun seine letzte Hoffnung auf das Leben dahinschwinden, er brüllt Rita an und macht ihr die allerschlimmsten Vorwürfe, er wird gemein und sehr verletzend.

Ein feines und zurückgezogenes Spiel drückt Ritas Traurigkeit aus. Es ist dieses Erstarren des Körpers, so daß man meint, jeden Muskel zu spüren, den sie anspannt. Diese Tränen, die nur sehr leise, sehr langsam und irgendwie verloren über ihre Backe rinnen. Man hat den Eindruck, sie werde immer kleiner, mit einem hängenden resignierten Körper, der müde wirkt, erschöpft. Daß sie sich nun umbringen will, wirkt wie ein sehr logischer Schluß.

Aber wie die Märchenwelt so spielt, wird sie gerettet, und nicht nur das, sie bekommt auch noch die erste und sicher die schönste Liebeserklärung in ihrem Leben: »Dieses vertrock-

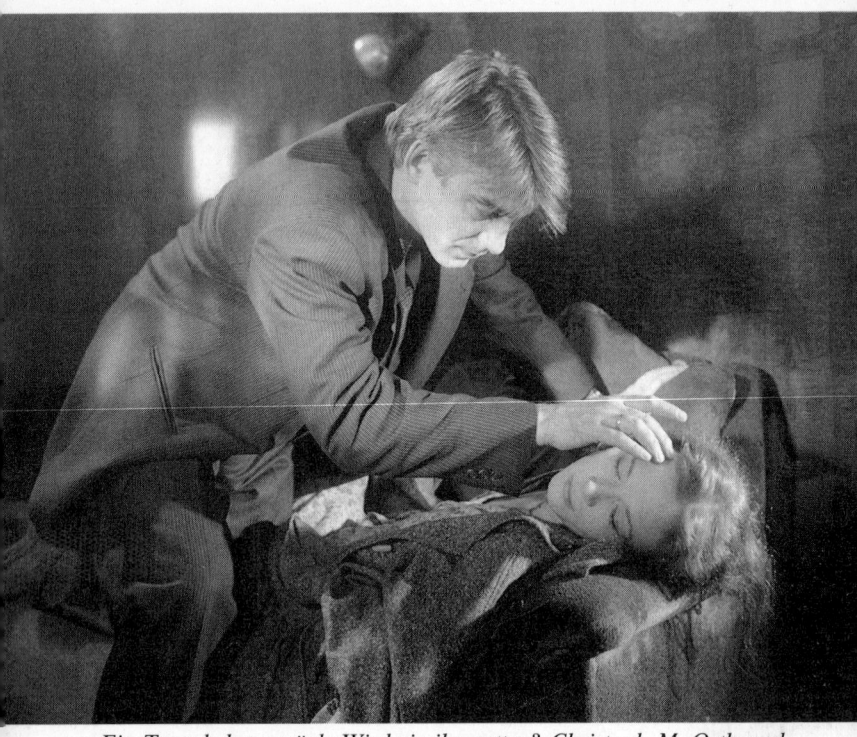

Ein Toter kehrt zurück: Wird sie ihn retten? Christoph M. Orth und Katja Riemann in ›Nur über meine Leiche‹

nete Mauerblümchen ist die Frau, die ich liebe und mit der ich gerne den Rest meines Lebens verbringen würde, wenn sie es mit so einem Ekel aushält.« Rita küßt ihn, sie sieht wunderbar aus in ihrem roten Kleid – das ist die Sache mit der Veränderung, eben noch traurig resigniert, jetzt wirkt sie aufrecht, groß, der Körper ist entspannt, die Gesichtszüge auch.

Nur aus Liebe

Es sei ihre sportlichste Rolle, schrieben die Medien, und man interessierte sich für ihr Fitneßtraining und ihre Kenntnisse über Kampfsportarten. Katja Riemann in einem Actionfilm?

Und dann auch noch in einem Actionfilm ›Made in Germany‹?

»Das Actiongenre liegt mir als Zuschauer, ich sehe solche Filme gerne im Kino. Ich hoffte, auch damit was Neues machen zu können, gerade weil es damals noch nicht so viele Genres im deutschen Kino gab«, erklärt Regisseur Denis Satin. »Ich habe mir meinen Film genau so geschrieben, wie ich den gerne machen würde, und ich habe versucht, die Figuren so zu gestalten, daß namhafte Darsteller Interesse haben, sie darzustellen. Ich habe versucht Klischees zu vermeiden, da wo sie nicht der Unterhaltung und dem Spaß dienen, und ich habe versucht eine Frauenrolle zu schreiben, die einen weiblichen Star zusagen lassen würde trotz eines No-Name-Regis-

Sie hat alles im Griff: Katja Riemann in Denis Satins ›Nur aus Liebe‹

97

Katja Riemann und Denis Satin bei den Dreharbeiten von ›Nur aus Liebe‹

seurs. Katja las das Buch, konnte sich sehr für die Rolle begeistern und hat zugesagt.«

Erste Szene, ein Auto explodiert, es gibt Tote. Dann wird eine Taxifahrerin überfallen: Ein junger Mann (Hannes Jaenicke) rettet sie, schlägt den Kerl zusammen, der sie überfällt: »Vielleicht sollten Sie mal darüber nachdenken, tagsüber zu fahren?« Sie schaut ihn an, erstaunt, versteht noch nicht ganz, was gerade passiert ist. »Sie sind mein Lebensretter«, sagt sie und versucht zu lächeln. Sie fährt ihn nach Hause. Im Taxi will er ihr eine Pistole schenken, damit sie sich besser schützen kann: »Ich habe zwei davon.« Sie lehnt ab. Wo er herkommt, will sie wissen. »Aus Moskau, da reichen auch zwei Waffen nicht«, meint er.

Katja/Ella hinter dem Steuer ihres Wagens, die Lippe ist blutig, die Haare sind kürzer, von der blonden Lockenpracht ist nichts mehr zu sehen, sie wirkt erwachsener, härter. Aber wenn man in den Rückspiegel sieht, dann kann man sie wieder finden, diese Augen, die genauso verschüchtert aussehen können wie die Augen der Rita aus *Nur über meine Leiche*, die aber auch groß und klar und überrascht aussehen können. Katja Riemann in der Rolle der Ella, einer jungen Frau, die mit beiden Beinen fest auf dem Boden steht, die versucht, das Leben zu meistern, die nicht wegläuft und die sicher nicht so leicht kleinzukriegen ist. Ein bißchen jungenhaft wirkt sie manchmal, aber trotzdem weiblich: Ob sie in dem viel zu großen Pyjama wütend ihre Freundin (Daniela Lunkewitz) anschreit, die sie nicht schlafen läßt, oder ob sie in weiter, unförmiger Hose und Männerunterhemd an einer elektrischen Sägemaschine in ihrer Küche arbeitet, immer bleibt sie ganz Frau, nur eben ohne ›mädchenhaft‹ zu sein. Schwer nur kann man sich vorstellen, daß sie weint, daß sie hysterisch wird oder sich wegen irgendwelcher nebensächlicher Dinge aufregt. Aufregen tut sie sich höchstens wegen solch existentiell wichtiger Dinge wie ihrem Schweizer Messer, das Freundin und Mitbewohnerin Carmen versetzt hat. Sie brüllt, sie wirft mit irgendeinem Gegenstand nach Carmen, ein Gewitter, kurz aber heftig.

Katja spielt diese Figur mit den energischen Bewegungen von jemandem, der nicht vorhat aufzugeben, komme, was wolle, mit einem selbstbewußten Tonfall, der selbst in den schrecklichsten Situationen nicht eines gewissen trockenen Humors entbehrt. Ein bißchen hart wirkt es manchmal, aber das ist das Leben, das sie führt. Die Großstadt … Man erfährt nicht viel über sie, über ihre Vergangenheit, niemand erklärt uns die Situation der Ella, warum sie pleite ist, was mit ihren Träumen ist. Es fehlt der Figur sicher an psychologischer Dichte; daß wir aber dennoch einer komplexen Figur, einem Charakter, der sich im Laufe des Films entwickelt, begegnen, ist vor allem ein großartiges Verdienst von Katja Riemann.

»Katja hat die Figur ab einem gewissen Punkt quasi übernommen, das heißt, sie hat sie mir aus der Hand genommen und gesagt, paß auf, ich weiß, das ist dein Baby, aber ich muß es spielen. Jetzt gib sie mir mal, laß sie mir mal, ich mache da schon das Richtige daraus«, erzählt Denis Satin und gibt zu, daß das für einen Autor am Anfang schwierig ist.»Es ist mein Kind, und man hat ja auch beim Schreiben gewisse Vorstellungen, wie die Betonung sein muß, damit der Gag funktioniert, oder wie der Blick sein sollte. Sie hat es vielleicht nicht genauso gemacht, sie hat es auf ihre Weise gemacht, aber da sie sehr präzise und genau wußte, wie ihre Figur aussehen würde, war es immer in ihrem Sinne logisch, konsequent, richtig. Wenn sie es spielt, dann sehe ich ja auch, daß es gut ist, anders manchmal, als ich gedacht habe, aber gut. Es stimmt mit dem, was vorher war, es stimmt mit dem, was nachher kommt. Also warum das ändern wollen? Ab einem gewissen Level, ab einer gewissen Qualität der Darsteller, nicht einem Level, das abhängt von Starruhm, sondern von einer gewissen Güte, da muß man den Leuten vertrauen. Da muß man sagen, wenn ich ihm die Richtung vorgebe, dann muß ich ihm die Nuancen frei lassen. Und das beherrscht Katja sehr gut, wenn man mit ihr den Rahmen bespricht, dann kann sie das wunderbar selbst ausfüllen.«

Als Ella erzählt Katja Riemann nur kurz etwas von ihrer Tischlerlehre, vom Möbelbauen und davon, daß sie jetzt Taxi fährt, um Geld zu verdienen. Sie arbeitet auch als Zimmermädchen. Keine Sekunde bleibt man sich darüber im unklaren, daß dies alles nur vorübergehende Jobs sind, daß sie sicher nicht ihr Leben lang Taxi fährt und irgendwann mal mehr Geld hat. Vor allen Dingen wirkt sie nie frustriert, sie ist nicht deprimiert oder jammert, sie nimmt ihre Kraft zusammen und arbeitet im Kontrast zu ihrer Freundin, schlägt sich durch, ist überlebensfähig. Das ist wichtig, wichtiger vielleicht als Erfolg und Ruhm.
Die Liebesgeschichte entspricht dem, was man bisher von Ella gesehen hat: Sie wartet nicht darauf, ihren Retter, der sich inzwischen als Aleksej vorgestellt hat, irgendwann einmal zufällig wiederzusehen, sondern wartet vor dem Hotel auf ihn. Sie nimmt ihn mit auf eine Stadtrundfahrt, sie flirtet mit ihm, ein wenig verhalten, aber doch mit der eindeutigen Aufforderung, den Tag zusammen zu verbringen, zurückhaltende Blicke, charmant.

Katja Riemann und Denis Satin bei den Dreharbeiten von ›Nur aus Liebe‹

Sie gehen spazieren, erzählen ein wenig von sich, von ihrem Leben, dann stehen sie vor einer Galerie, betrachten einen Chagall: »Warum hat der Mann keine Flügel?« will er wissen.

Katja Riemann und Hannes Jaenicke in Denis Satins ›Nur aus Liebe‹

»Wahrscheinlich hat er sie sich nicht verdient«, ist ihre Antwort. Erst als er ihr einen Heiratsantrag macht, nimmt die gerade beginnende Lovestory, die absolut noch keine ist, eine abrupte Wendung: Hunderttausend Mark will er ihr für ihr Jawort zahlen. »Meinen Sie eigentlich, nur weil ich Betten mache und Taxi fahre, bin ich zu kaufen? Von 'nem Russen?« ist ihre wütende Reaktion.

Katja Riemann in ihrem Element, schlagfertig, ernster Gesichtsausdruck, ihre Körperhaltung ist angriffslustig, ein Schritt vor, einer zurück, sie tänzelt wie ein Boxer, und gleichzeitig sind ihre Schritte kraftvoll. Mit den Armen unterstreicht sie, was sie sagt, ihre Stimme ist nicht wirklich sauer, eher die von einem jungen Mädchen, ein bißchen enttäuscht, weil es nicht so läuft, wie sie sich das vorgestellt hatte. Ihre Haltung drückt Verletzung aus, Wut, aber spontan und ehrlich steht sie mitten im Raum.

Er erklärt ihr den Deal. Nach deutschem Recht müßten sie zwei Jahre verheiratet sein, dann könne sie die Scheidung einreichen. Sie habe ihn auch in der Hand, bei einer früheren

Scheidung werde er ausgewiesen. Ein faires Geschäft … Wie in einem Käfig läuft sie hin und her, einen Ast in der Hand, so wie ihn Wanderer benutzen, ein Stückchen Holz aus dem Wald, ein Stock, der, wenn man so will, Ähnlichkeit mit seiner Besitzerin aufweist: hart, unbeugsam, nicht so leicht zu knicken, geschweige denn zu zerstören.

Aber das Angebot dieses merkwürdigen Russen ist zu verlockend, so viel Geld. Sie wäre mit einem Schlag ihre Sorgen los. Sie will das Geld sehen. »Was ist, wenn ich nicht komme?« fragt sie noch, ein letzter Rest von Trotz, von Revolte. So einfach sollte sie doch nicht zu kriegen sein. »Dann hat ihr Mann keine Chance, sich seine Flügel zu verdienen«, antwortet er nur lächelnd.

Katja Riemann und das Team von ›Nur aus Liebe‹ – hinten Mitte: Regisseur Rainer Kaufmann

103

Freundin Carmen ist nicht gerade begeistert von Ellas neuen Plänen. »Was ist, wenn er dich vergewaltigt?« Sie traut dem Russen nicht, was weiß man schon über ihn, was ist, wenn es schiefgeht? Aber Ella geht zu dem verabredeten Treffpunkt und landet mitten in einer bösen Abrechnung unter Gangstern. Die Russen, angeführt von Aleksejs Bruder Jewgenij (Heinz Hoenig), haben den Irakern Cäsium verkauft. Leider lief die Übergabe nicht wie geplant, und nun sind Russen und Iraker sauer aufeinander. Mittendrin in dieser Show steckt Aleksej, der aufhören will und mit zweieinhalb Millionen seinem Bruder entkommt. Bei der Flucht hilft ihm Ella, ehe sie sich's versieht, ist sie mittendrin in einer Mafiastory.

Das Taxi wird zum Fluchtwagen, Ella sitzt am Steuer wie ein Profi, Autofahren kann sie, cool lenkt sie den Wagen, hetzt durch Berlin, als hätte sie nie was anderes gemacht. Man hat den Eindruck, sie sei von ihrer eigenen Courage überrascht. Ihre Reflexe funktionieren, sie reagiert souverän, benutzt ihren Kopf, handelt klar und überlegt, zum Beispiel als sie Taxifahrer zusammentrommelt, sie zum Brandenburger Tor bestellt und ihnen klarmacht, daß sie den Wagen mit den Gangstern anhalten sollen.

Starke Frau, kleine Frau – wenn es darauf ankommt, hält sie durch, steht ihren Mann. Aber danach, als alles vorbei ist, da kann sie nicht mehr: Sie liegt neben dem Auto, weite Hose, Flanellhemd, blonde Haare, wunderbar! Als würde sie jetzt erst verstehen, was da passiert, daß sie mitten in einer Auseinandersetzung unter Gangstern ist, daß es um Leben und Tod geht. Darüber zerbricht ihre neue Freundschaft fast, für ihn ist dieser Mafia-Alltag normal, für sie ist diese Situation ein abrupter Einbruch in ihre friedliche Welt. Waffen, Gangster, Schießereien und die Mafia, das kennt sie aus dem Kino, aber es ist nichts, was in ihrer alltäglichen Welt existiert. Ella und Aleksej haben die zweieinhalb Millionen und verbringen ein paar wunderbare Stunden miteinander, alles könnte perfekt sein – wenn Aleksejs Bruder sie nicht überraschen würde. Ella kann mit dem Geld entkommen, während Aleksej bei seinem Bruder bleibt.

Ella/Katja gehört zu den Frauen, die kämpfen, wenn es darauf ankommt, die zäh sind, die nicht gerettet werden müssen,

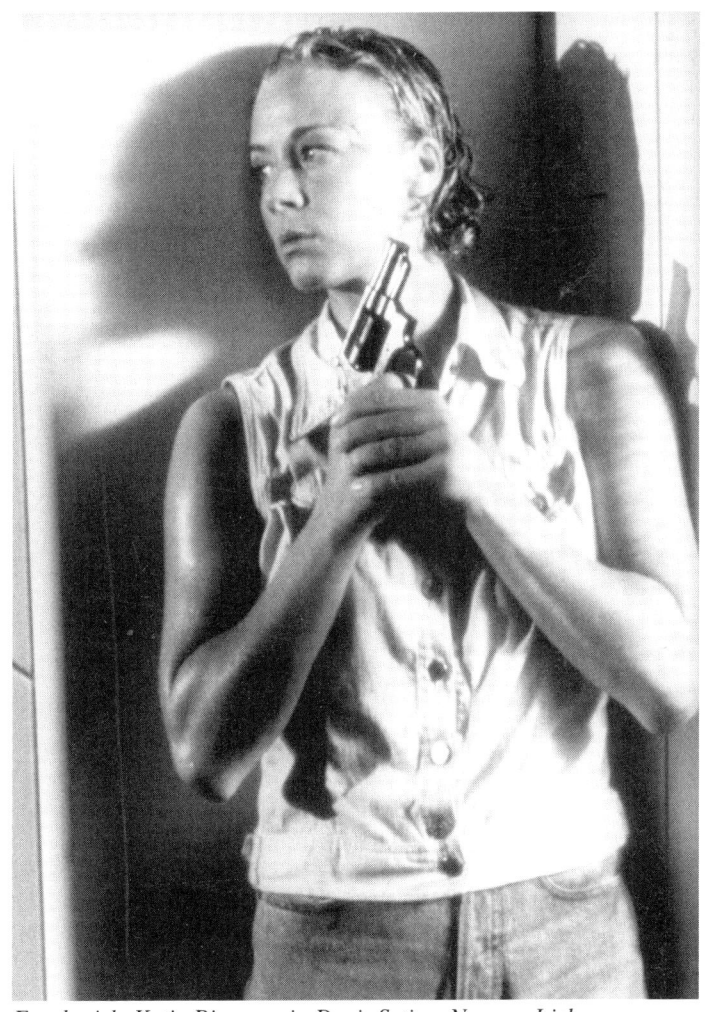

Er oder ich: Katja Riemann in Denis Satins ›Nur aus Liebe‹

die selbst retten können. So wie Ella, die nach einer Menge von Abenteuern nicht nur das Geld in Sicherheit bringt, sondern auch Aleksej aus den Klauen seines Bruders befreit. Eine schöne Frauenrolle, die nichts zu tun hat mit der typischen Frauenfigur, die stark ist, die ein toller Gegner für irgendeinen männlichen Helden ist und die dann doch am Ende vom männlichen Ritter befreit wird.

Katja Riemann: Die Haltung der von ihr verkörperten Figur ist Kampfansage, ihre Augen sind ständig im Einsatz, sie überlegt, sie denkt nach, sie besiegt die Feinde mit Cleverneß. Es gibt diese Szene, wo sie als Geisel eines der Männer, die für den Bruder von Aleksej arbeiten, ein Auto fährt. Er sitzt mit der Knarre neben ihr, aus ihren Augen laufen Tränen, sie hat Angst, aber diese Angst ist nicht lähmend, der Kopf reagiert noch, die Reflexe auch. Sie drückt aufs Gas, fährt über hundert, »Arschloch« brüllt sie mit dem ganzen Haß, der ihr noch geblieben ist, sie macht seinen Gurt los, und dann rast sie gegen eine Wand oder einen Blumenkübel. Sie hinkt aus dem Auto, dreckig, verletzt, kaputt, aber sie gibt immer noch nicht auf.

»Als wir diese Szene gedreht haben, konnte man die Professionalität von Katja besonders gut verfolgen«, erläutert der Regisseur. »Sie erfährt ja, während sie am Steuer sitzt, daß ihre Freundin wahrscheinlich umgebracht wurde. Das ist ein sehr emotionaler Moment und der tiefste Punkt im Film für unsere Heldin. Da steht die Welt für sie kopf. Sie ist Geisel, sie ist bedroht, sie muß fahren, und sie erfährt, ihre Freundin muß sterben. Als wir diese Szene gedreht haben, mußte Katja auf tausend Sachen achten, vor ihr fährt der Wagen mit der Kamera, sie mußte in der Szene in einem gewissen Moment beschleunigen und dem Wagen vor ihr gleichzeitig ein Zeichen mit der Lichthupe geben, Achtung, ich komme jetzt. Sie muß darauf achten, daß sie nicht spricht, wenn sie über Straßenbahnschienen fährt, weil das Bild dann verwackelt war. Tausend solcher Anforderungen, und was macht sie? Sie spielt das nach ein, zwei Proben und spielt dabei auch noch den Moment, daß ihr auf Kommando die Tränen kommen. Mit einer solchen Glaubwürdigkeit, das ist faszinierend!«

Am Ende hat Ella die Russenmafia überrumpelt und den Mann, den sie liebt, befreit, sie hat alle besiegt und startet ein neues Leben, das sie sich redlich verdient hat ... Und Katja Riemann hat bewiesen, daß sie auch in einer Actionfilm-Komödie wunderbar bestehen kann, cool, mit Waffenpower

Katja Riemann und Hannes Jaenicke: ›Nur aus Liebe‹

und mit Esprit, man nimmt ihr die Frau ab, die sich gegen eine harte Männerwelt durchsetzt, die ihr eigenes Spiel spielt,
die mutig ist, die nicht feige ist, sondern handelnd und klug.
Ob Katja Riemann schießen kann? Das interessierte die
Presse, aber eigentlich ist diese Frage überflüssig. Sie ist

Schauspielerin, und sie soll jemanden spielen, der schießt. Im wirklichen Leben hat sie nur auf dem Rummelplatz geschossen, »Rosen für Paula«, ihre Tochter.

»Katja setzt sich mit so viel Konsequenz für ihre Figuren ein, das macht sie auch so gut als Darstellerin. Sie überläßt nichts dem Zufall oder der Laune, sondern trägt ihre Figuren ganz«, erklärt der Regisseur ihr authentisches und überzeugendes Spiel.

5. Die Moderatorin und die Apothekerin – Die Zusammenarbeit mit dem Regisseur Rainer Kaufmann

Ein Regisseur: Rainer Kaufmann

Rainer Kaufmann ist dem großen Publikum spätestens seit der Beziehungskomödie *Stadtgespräch* bekannt und machte zuletzt mit dem Kinofilm *Die Apothekerin* von sich reden. In den achtziger Jahren fing er mit Kurzfilmen an und arbeitete hier bereits zum erstenmal mit Katja Riemann zusammen (*Salz für das Leben* wurde 1990 für den Bundes-Kurzfilmpreis nominiert). Ein weiterer Kurzfilm, *Der schönste Busen der Welt*, lief wenig später in Kombination mit Katja von Gar-

Rainer Kaufmann

niers *Abgeschminkt* in den Kinos und wurde von über einer Million Zuschauern gesehen. Für diesen Film erhielt er nicht nur den Sonderpreis für die beste Regie beim 10. Internationalen Festival der Filmhochschulen, sondern auch den Prix Canal Plus beim 14. Festival Henri Langlois Rencontres International.

Seit 1992 dreht Kaufmann abendfüllende Fernsehspielfilme. Für *Dann eben mit Gewalt*, in dem Jürgen Vogel, Thomas Heinze und Jasmin Tabatabai in den Hauptrollen zu sehen sind, bekam er sowohl den Interfilm- als auch den Max-Ophüls-Preis. Den Film *Einer meiner ältesten Freunde* mit Peter Lohmeyer, Richy Müller und Maria Schrader bezeichnet er selbst als einen seiner Lieblingsfilme. Mit dieser sensiblen Geschichte um eine schwierige Dreiecksbeziehung beweist er – sehr weit weg von der deutschen Beziehungskomödie – seine Fähigkeit, einfache Regungen, Gefühle wie Eifersucht, Liebe, Freundschaft, ganz groß darzustellen, ohne jemals in banalen Kitsch abzurutschen. Er zeigt insbesondere ein gutes Gespür dafür, Schauspieler gut zu besetzen. Die Darstellungen von Peter Lohmeyer, Richy Müller und Maria Schrader machen jenen Aufruhr der Gefühle nachfühlbar, der durch die schwierige Beziehung entsteht.

Den genauen, den zielsicheren Blick für die Rollenbesetzung beweist er auch bei seinem ersten Kinofilm *Die Apothekerin*. Jürgen Vogel, für den es bereits die dritte große Zusammenarbeit mit Rainer Kaufmann ist, erzählt von den Dreharbeiten: »Es war selten so, daß wir – Katja Riemann, Richy Müller und ich – einfach sagten: ›Ist gut so, laß uns das so machen, Rainer.‹ Er weiß dann schon, da stimmt schon wieder irgend etwas nicht. Der Film ist für ihn eine ganz große Arbeit gewesen, und er hat das hervorragend bewältigt, mit drei so Kranken, sage ich jetzt einfach mal so frech, so einen Film zu machen. Wir sind schon alle unheimlich locker, aber wir können auch unheimlich anstrengend sein – für ihn auf jeden Fall. Er hat ja als Regisseur oft ganz andere Dinge im Kopf, und dann kommen wir mit so grundsätzlichen Fragen: ›Wieso muß man das denn jetzt so machen?‹ oder ähnlich.«

Auch mit Katja Riemann hat der Regisseur schon mehrmals zusammengearbeitet und schätzt ihre Arbeitsweise sehr. Er kennt sie von den Anfängen ihrer Karriere her, aus einer Zeit, da auch er noch am Beginn seiner Laufbahn stand. »Der Kurzfilm *Salz für das Leben* war auch die Grundlage für *Stadtgespräch*. Das war damals ein großer Vertrauensbeweis von ihr, weil das Buch manchmal sehr schwach war. Wenn wir gewußt hätten, daß wir einen Kinofilm machen, hätten wir wahrscheinlich beide gesagt, nein das trauen wir uns nicht, das ist zuwenig.«

Dabei sollte es der Film werden, der für beide einen großen Durchbruch in ihrer Laufbahn bedeutete. *Stadtgespräch* war eigentlich für das ZDF geplant, wurde aber nach ein paar erfolgreichen Probeläufen zu einem überraschenden Kinohit. Das Publikum sah diese Großstadtkomödie gerne (1.691.912 Besucher laut *Cinema* vom Februar 1998) und liebte insbesondere Katja Riemann als kesse Radiomoderatorin. Die Komödie wurde für den Bundesfilmpreis nominiert, und Rainer Kaufmann erhielt eine Nominierung als bester Regisseur.

Ein Publikumserfolg: Stadtgespräch

»Die Rahmenbedingungen waren einfach phantastisch, Rainer Kaufmann hat ein Drehbuch mit irrsinnig witzigen Dialogen geschrieben. Und er kann wunderbar mit Schauspielern umgehen. Ich denke, das sieht man dem Film auch an«, erzählt Katja Riemann (in: *General-Anzeiger*, 18.11.95) über die Dreharbeiten zu *Stadtgespräch*, der Komödie, mit der sie eindeutig zu einer der beliebtesten Schauspielerinnen in Deutschland avancierte.

›On air‹-Radiomoderatorin Monika sitzt in ihrem Studio, es ist sieben Uhr morgens. »Alles, was ihr jeden Tag heimlich tut und euch nicht zu sagen traut«, tönt es durch den Äther, und schon sind die ersten Anrufer auf den Studioleitungen. Mann und Frau sind bereit, ihr die heimlichsten Wünsche und größten Liebesnöte anzuvertrauen. Monika pocht in ihren Antworten auf die weibliche Unabhängigkeit, aber irgend etwas in ihrer Stimme läßt aufhorchen und legt die Vermutung nahe, daß es um ihr eigenes Seelenwohl nicht gerade bestens steht.

Radiomoderatorin Monika Krauss in ›Stadtgespräch‹ von Rainer Kaufmann

Katja Riemann ist Monika, das Gesicht etwas farblos, die Haare locker zurückgebunden, praktische Klamotten und ein leicht angenervter, blasser Blick. Trotz der Müdigkeit wirken die Bewegungen energisch, sie läßt nichts über sich ergehen, sie nimmt das Leben in die Hand, einfach, ohne Spielereien. Monikas teilweise fast frustriert anmutenden Ratschläge an weibliche Hörerinnen (»Lernen Sie, alleine zu leben, suchen Sie sich einen Job, verdammt noch mal!«) begeistern allerdings den Redaktionschef nicht gerade. Als die Einschaltquoten sinken, rät er ihr, die Sendung zu entschärfen oder einfach ihr Liebesleben in Ordnung zu bringen. »Lassen Sie es sich besorgen«, heißt das dann im gut gemeint männlichen Jargon, und Monika denkt sich nur: Aha, er also auch!

Denn offensichtlich ist er nicht der einzige ›besorgte‹ Mitmensch in ihrer Umgebung. Auch ihre Mutter (Karin Rasenack) nervt: »Ich kann mich einfach nicht daran gewöhnen, daß ich eine dreißigjährige Tochter habe, die unverheiratet ist«, erklärt sie an Monikas Geburtstag. Kann sie denn niemand in Ruhe lassen? Sogar ihr geliebtes Bruderherz René (Kai Wiesinger) findet auf der eigens für sie arrangierten Geburtstagsfeier kein besseres Thema. Monika erklärt kategorisch, daß ein Mann wirklich das letzte sei, was sie brauche, und beendet die Diskussion. Vielleicht braucht sie wirklich keinen Mann, zumindest ist das sicher nicht das einzige, was ihr Leben glücklich machen würde. Aber sie braucht einen Menschen! Immerhin ist da nicht viel neben ihrer Arbeit und der Familie: keine Freunde, keine Vergnügungen, keine Ablenkung.

Katja Riemann läßt uns hinter die trotzigen Worte von Monika gucken, und der Zuschauer sieht eine einsame Frau, die sich in ihrer Arbeit verkriecht. Die nicht bereit ist, ihre Unabhängigkeit aufzugeben, aber die den Glauben daran verloren hat, daß es einen Menschen gibt, der sie so nimmt, wie sie ist, und der in der Lage ist, ihre Wünsche zu erfüllen.

»Der Traum von Mister Perfect ist endgültig beerdigt, der starke Mann mit dem geilen Auto und einer guten Stellung, der mir die geheimen Wünsche von den Lippen abliest.« Monika verdreht die Augen. »Und acht Sprachen spricht und auch noch singen kann wie Dean Martin«, ergänzt ihr Bruder lakonisch. »Wir müssen eben alle kleinere Brötchen backen.« Ja, das müssen wir wohl. Monika schaut zu Renés neuer Errungenschaft Karl (Moritz Bleibtreu) hinüber. Karl mit dem Superbody, der kaum den Mund aufbekommt, mit Begeisterung *Schwarzwaldklinik* guckt und Spiderman-Hefte liest. Wäre ja auch alles nicht so schlimm, wenn René nicht Literaturwissenschaft studiert hätte, Oscar-Wilde-Fan wäre und von einem knackigen Poeten geträumt hätte. Ziemlich einsam hockt Monika nach der Party in ihrer Küche – was hatte ihr Bruder gesagt? Sie soll eine Kontaktanzeige aufgeben? Er jedenfalls hatte auf diese Weise Karl kennengelernt: Na, das kann ja was werden, denkt Monika, aber der Gedanke sitzt: eine Kontaktanzeige. Gedacht, getan, und nur wenig später sitzt sie in ihrer Wohnung und sortiert Briefe aus.

Die alte Geschichte von der einsamen modernen Frau, die angeblich alle Forderungen der Emanzipation und Selbstverwirklichung erfüllt, deren Emotionen dabei aber weitgehend auf der Strecke bleiben. Man kann dem Film vorwerfen, daß es den Figuren an authentischen Gefühlen mangelt und sie ohne wirklichen seelischen Konflikt bleiben, aber man kann auch hingehen und sich von den Schauspielern in diesen kurzen, in sich abgeschlossenen Szenen verführen lassen. Szenen, die durch knappe, witzige Dialoge und ein glänzend aufeinander abgestimmtes Spiel zu wirklich komischen Momenten werden.

So trifft Monika im Restaurant des Bruders ihre Kontaktanzeigen-Männer. Einer ist schlimmer als der andere: zu alt, zu dick, zu freakig, zu brav, zu bisexuell. Frustriert will sie aufbrechen, als Erik (August Zirner) in der Tür steht. Ein Mann Mitte Dreißig, gutaussehend und charmant – das muß er sein, denkt man. Natürlich ist er Dean-Martin-Fan, hat eine gute Stellung als Zahnarzt, spricht mehrere Sprachen und liebt unabhängige Frauen. Mister Perfect in Reinform, Monika ist nach dem ersten Treffen hingerissen.

Das ist die Kunst, die wahrscheinlich einen guten Schauspieler ausmacht. Will heißen, die Blicke, den Gesichtsausdruck so zu verändern, daß alles authentisch wirkt: Monika hat sich verliebt, und auf einmal wirkt ihre Haut rosiger, die Augen glänzender, der Mund ist roter, und das Lächeln scheint irgendwo aus dem Herzen zu kommen. Ihre ganze Haltung ist Ausdruck ihrer Verliebtheit.

Die Ratschläge in ihrer Sendung werden versöhnlicher, nachgiebiger. Ihr Chef ist begeistert, die Einschaltquoten schnellen in die Höhe. Mit sich und der Welt versöhnt, geht Monika ins Fitneßstudio. Das hat dann auch gleich Folgen für ihr Privatleben: Sie lernt Sabine (Martina Gedeck) kennen und freundet sich mit der Mutter von zwei Kindern an. Das Glück ist spürbar. In lockeren, weiten Bewegungen, ausgelassenen Schritten und einem fast schlaksigen, charmanten Umgang mit dem eigenen Körper: Wenn man ihr zusieht, denkt man an ein sehr junges, ausgelassenes Mädchen an einem Sommertag. Dieser Eindruck vergeht abrupt an jenem Nachmittag, an dem sie bei Sabine zu Besuch ist: Monika deckt gerade den

Die Konkurrentinnen Martina Gedeck und Katja Riemann in Rainer Kaufmanns ›Stadtgespräch‹

Tisch, als er hereinkommt, Sabines Mann, Mister Perfect. Der Blick erstarrt, ihr Lächeln zerfällt, ihre gerade noch weichen und entspannten Gesichtszüge verwandeln sich in Sekundenschnelle zur eisigen Maske. Kein junges verliebtes Mädchen mehr, sondern eine enttäuschte, verletzte junge Frau.

Aus der Traum. Monikas Gesichtsausdruck verhärtet sich, die Stimme wird rauh, und ihre Radiobeiträge erreichen wieder die alte Schärfe. Eine schöne Idee, diese Widerspiegelung persönlicher Gefühle in Monikas überzogener Moderation. Ist sie verliebt, soll die Frau sich gleich ganz dem Mann hingeben (so ein Quatsch), ist sie enttäuscht, gibt es kein Pardon, und frau soll nichts verzeihen und vollkommen unabhängig durchs Leben gehen (auch Quatsch). Sarkastisch überhöht wird das Ganze mit Hilfe eines Autofahrerpärchens, das allmorgendlich Monikas Sendung hört und kommentiert. Wenn Monika frau zur Unabhängigkeit rät, spricht ›er‹ von Frustration der Frauen, wenn sie zur Hingabe auffordert, schimpft ›sie‹ Monika eine Verräterin.

Mister Perfect fährt inzwischen voll auf der Versöhnungsschiene: Er ruft bei der Sendung an, steht mit Rosen vor der Tür und verführt sie erneut in seiner Zahnarztpraxis bei Klängen von Dean Martin. Er rät ihr, die Freundschaft zu Sabine zu beenden. Bevor Monika jedoch handeln kann, steht Sabine mitsamt ihren Kindern vor der Tür. Sie hat einen Ohrring im häuslichen Sofa gefunden, Monikas Ohrring, doch das weiß sie Gott sei Dank nicht.

Katja Riemann in ihrem Element, nervös steht sie vor ihrer Freundin, schaut mit starrem Blick vor sich hin, das Gesicht angespannt, nur nicht nervös werden, sagen ihre Augen, doch der Körper ist so angespannt, daß er verkrampft wirkt. René ist entsetzt von den moralischen Verirrungen seiner Schwester, die mit dem Mann der besten Freundin schläft. Doch es dauert nicht lange, da erliegt auch er dem Charme von diesem Mister Perfect. Er hofft so intensiv, daß dieser ›zweigleisig‹ fährt, daß er sogar kurzerhand mit Karl Schluß macht. Monika kann es nicht fassen: »Du willst ihn mir wegnehmen, du willst immer alles haben, was ich habe«, fährt sie ihren Bruder wütend an, und man hat wirklich das Gefühl, das kleine Mädchen stünde vor einem, das Mädchen, dem der große Bruder seine Glamour-Barbie weggenommen hat.

Es kommt schließlich, wie es kommen muß: Sabine bekommt heraus, daß es Monika ist, die ein Verhältnis mit ihrem Mann hat, und die Freundschaft endet in einem furchtbaren Streit. Das vermeintliche Liebesglück von Monika stellt sich jedoch als sehr unglücklich heraus, und vor allen Dingen: Sie vermißt ihre Freundin. Statt dessen hat sie einen Mann, der bei genauerem Hinsehen doch nur an sich selbst denkt. Sehr männlich erklärt er, daß er doch niemandem weh tun möchte, und verdeckt damit nur schlecht, daß er lediglich jedem Konflikt aus dem Weg gehen will.

Monika nutzt ihre morgendliche ›Telefon-Talk-Show‹, um mit Sabine zu sprechen. Sie versucht der Freundin klarzumachen, daß sie sie nicht verlieren will und daß es aus ist mit

Erik. Aber auch René nutzt die morgendliche Sendezeit, um einen Versöhnungsvorstoß zu unternehmen: »Du kannst mich auspeitschen, du kannst mich zwingen, Barbra-Streisand-Platten zu hören, ich gebe es ja zu, aber laß uns bitte wieder miteinander reden«, fleht er seine Schwester an, die großmütig bereit ist, ihm zu verzeihen.

Aber so eine Sendung hat ja mehrere Leitungen und viele verschiedene Anrufer, und prompt meldet sich Karl, der dem Verflossenen ›on air‹ einen handfesten Vorschlag für das weitere Zusammenleben macht. »Ich mache mich für dich schlau und du dich für mich hart, ohne Druck.« Als auch noch Mister Perfect in der Leitung ist und sich darüber beklagt, immer der Buhmann zu sein, hat allerdings niemand wirklich Mitleid mit ihm.

Unser allzeit waches morgendliches Autofahrerpärchen verfolgt diese Sendung aufmerksam und ist dann auch für die letzte Entwirrung des Beziehungswirrwarrs zuständig. ›Sie‹ erklärt ›ihm‹, daß sich die Schwester jetzt mit dem Bruder versöhnt und mit der Freundin, mit deren Ehemann sie sie betrogen hatte.

Und das Ende vom Lied? Monika hat sich vorgenommen, einiges in ihrem Leben zu ändern, Sabine arbeitet jetzt, Karl belegt einen Kurs ›Kreatives Schreiben‹, und René trainiert seine Bauchmuskeln. Nur die Mutter zweifelt noch, daß sie sich an diese Ersatzfamilie jemals gewöhnen wird. »Wieso, das klappt doch wunderbar«, findet Sabine, »ich koche und putze für Monika, sie paßt auf die Kinder auf, während ich in der Uni bin.« »Und Karl macht den Handwerker«, ergänzt René die Liste …

Ein neues Gesicht: Die Apothekerin

Mit der *Apothekerin* packt Rainer Kaufmann ein für das deutsche Kino derzeit eher ungewöhnliches Thema an: Er wagt einen sezierenden Blick auf das deutsche Bürgertum, auf verdeckte Begierden und den – leider auch braven – Wunsch der Frau, mit Mann und Kind glücklich zu werden. Ganz im Sinne der Romanautorin Ingrid Noll, die den latenten Wahnsinn des Kleinbürgertums in ihren Romanen aufdecken will. Überhaupt ist die Autorin sehr zufrieden mit dem Ergebnis der filmischen Umsetzung ihrer Arbeit, und wenn sie auch Angst hatte, »ihre Papierleichen« auf einmal lebendig vor sich zu sehen, war sie besonders von ihrer *Apothekerin* begeistert: »Katja hat die Apothekerin so dargestellt, wie sie in meinem Kopf herumspukte. Eine spröde, kontrollierte Frau, die doch zu sehr heftigen Gefühlen fähig ist.« (*Allegra* 10/97)

Katja Riemann zeigt sich im Film von einer kühleren, verschlosseneren Seite, ihr Gesicht wird in das Zentrum der Handlung gerückt; leise, beobachtend, klar, beinahe unbeweglich und starr wirken Mimik und Gestik. Rainer Kaufmann besetzte die Schauspieler beinahe entgegengesetzt zu ihren bisherigen Spielweisen und gab somit den Blick frei auf Facetten ihres Könnens, die uns bisher verborgen blieben. Er hatte für die Rolle der Hella Moormann schnell Katja Riemann im Kopf. Er war sich sicher, daß sie auch diese zurückhaltende Spielweise hervorragend meistern würde. Aber es ist nicht nur die distanzierte Spielweise, es ist auch dieser »Mut zu etwas Komödiantischem, zu einem schwarzen, trockenen Humor«, wie Jürgen Vogel es nennt. Er ist sicher, »daß es eine ganz tolle Rolle für Katja ist. Sie ist eine klasse Schauspielerin, sie macht das superakzentuiert, da ist nichts übermimt oder zuwenig, es paßt einfach genau zum Film. Sie ist einfach richtig gut besetzt.«

Zwei Kinder laben sich an riesigen Fleischbergen, eine weibliche Stimme erzählt aus dem Off, daß der Vater Fleisch verboten hatte und man sich gemeinsam mit der Mutter am Nachmittag dem verbotenen Genuß hingab. Die Stimme gehört Katja Riemann alias Hella Moormann, sie ist um die Dreißig, von Beruf Apothekerin, und sie erzählt von ihrer Kindheit. Hella war kein fröhliches, verspieltes Mädchen, sondern widmete ihre ganze freie Zeit der Naturwissenschaft. Von den Mitschülern wurde sie deswegen gehänselt und geärgert. Als sie wieder mal von den anderen aus dem Klassenraum ausgeschlossen wurde, öffnete sie die Klassentür wütend mit Gewalt. Dabei wurde ein Mitschüler verletzt, er starb an den inneren Blutungen. Hella mußte daraufhin ihre restliche Schulzeit im Mädcheninternat verbringen. Hella Moormann ist auf den ersten Blick eine kühle, geheimnisvolle Person. Ihrer Arbeit als Apothekerin geht sie gewissenhaft nach und empfindet sogar eine gewisse Erfüllung im Umgang mit den Depressiven und Gebrechlichen. Außenseiter, Kranke und Neurotiker zogen sie seit jeher manisch an. »Wie ich früher meinen Puppen die Beine abgedreht hatte, um sie wieder zusammenzuflicken, so suchte ich später kranke Männer-

Katja Riemann in Rainer Kaufmanns ›Die Apothekerin‹

seelen, um sie zu heilen. Es half mir über meine eigenen Probleme hinweg«, beschreibt es Ingrid Noll in ihrem Roman, und so begegnet uns *Die Apothekerin* im Film. Spröde wirkt sie, in sich gekehrt und gespalten in ihrer Seele: nach außen die Samariterin, die nur für ihren Beruf lebt, doch in ihrer Wohnung hat sie eine Ansammlung von gefährlichen Giften deponiert. Man kann es nur ahnen: In ihr brodelt etwas.

Hella ist geprägt von widerstreitenden Gefühlen: Sie wünscht sich eine Familie, einen Mann, Kinder, ein Haus, sie möchte Geborgenheit. Gleichzeitig schwelen unter der Oberfläche geheime Sehnsüchte und unkontrollierte Begierden.

»Hella Moormann ist eine sehr faszinierende und eine sehr widersprüchliche Figur«, erklärt Katja Riemann. »Sie hat eine Ambivalenz zwischen Bürgerlichkeit und Abgrund, zwischen Sucht und dem Kampf gegen diese Sucht. Und diesen Spagat zu fassen, den fand ich interessant. Auch das Thema der Tabus, womit der Film arbeitet. Konkret gemacht, an dem Vater, der Vegetarier wird und für alle das Fleisch aus dem Ernährungsplan verbannt, so daß also jede Wurst geradezu zu einer Phantasie wird. Das ist für mich so ein Synonym für die Fleischeslust, für die Wollust. Und das steht so als Tabu in ihrem Leben. Eine Frau, die eigentlich sehr sinnlich sein möchte und sehr viele Lüste hat und selber nicht damit zurechtkommt, daß sie diese Empfindungen hat.«

Dieser ganze Wust an unterdrückten Gefühlen bricht aus, als Hella Levin kennenlernt. Levin wird dargestellt von Jürgen Vogel. Wie seine Kollegin Katja Riemann zeigt auch er sich hier von einer anderen Seite, lockerer, humorvoller als bisher. Er spielt einen wirklich miesen, kleinen Aufsteiger, nicht einen, der sich irgendwo am Rande dieser Gesellschaft bewegt, der von ihr getreten und ungerecht behandelt wird. Er spielt einen, der ganz aktiv in den Mühlen dieser Gesellschaft gefangen ist und nach ihren Regeln sein Glück zu machen sucht. Glück heißt für ihn Geld, und das will er möglichst schnell und möglichst mit geringem Aufwand. Ein Filou, einer, der sich wie ein egoistisches Kind verhält, übermütig ist und in diesem kindlichen Verhalten auch wieder sympathisch wirkt. Mit Levin hat Hella viel Spaß; er ist so normal im Gegensatz zu den Männern, die es bisher in ihrem Leben gab. Vielleicht

Was ist in dem Fläschchen der Apothekerin? Jürgen Vogel und Katja Riemann in Rainer Kaufmanns Film

ist es Liebe, vielleicht auch nicht, aber bevor sie das wirklich herausbekommen können, heiratet sie Levin unter merkwürdigen Umständen.

Ein alter Freund von Levin taucht aus dem Gefängnis auf, Dieter (Richy Müller). Wunderbar: Richy Müller als wortkarger ehemaliger Knacki, rauh, männlich, charmant. Ein schöner Gegensatz zum Zahnmedizinstudenten Levin, der neben Dieter ganz brav, verlegen und feige wirkt. Levin schuldet Dieter Geld, viel Geld, und sein Großvater ist ein reicher, kranker Mann. Levin denkt an Hella und das Gift in ihrer Wohnung. Hella ist entsetzt von Levins mörderischen Plänen, und als der Großvater wenig später tatsächlich tot ist, zweifelt sie daran, daß es wirklich Herzversagen war.

»Es ist offen, es wird nichts vorgegeben, es wird nicht gesagt, das ist jetzt der Mörder, das ist sein Problem, damit muß er leben und kommt ins Gefängnis«, erklärt Jürgen Vogel. »Sondern es ist so, daß wir nicht genau wissen, wie wir darüber denken. Bei Levin fragt man sich, hat er den Großvater umgebracht, hat er ihn nicht umgebracht, war das ein Traum? Damit spielt man auch.« Dieses Spiel ist es, was die Spannung ausmacht. Die Charaktere werden komplexer und immer interessanter, man ist hin- und hergerissen zwischen Antipathie und Sympathie.

Als Levin sich das Erbe abholen will, wird er jedoch böse überrascht: Nicht er, sondern Hella ist als Alleinerbin eingesetzt! Der Großvater hat bestimmt, daß Levin sie innerhalb eines Jahres heiraten soll, sonst geht das ganze Vermögen an eine Stiftung. Hella ist nicht gerade begeistert von der Idee, wegen ihres Geldes geheiratet zu werden, doch Levin schafft es natürlich, ihr Jawort zu bekommen. Alles scheint sich zum Guten zu wenden: Die Schulden bei Dieter werden bezahlt, man versöhnt sich und zieht gemeinsam in die Villa des Großvaters: Hella und Levin, Dieter und seine Frau Margot (Isabella Parkinson), die als Haushaltsgehilfin schon lange in dem Haus gearbeitet hat und Levins Geliebte war! ›Beziehungsmäßig‹ wird es jetzt natürlich schwierig: Levin kann nicht von Margot lassen, und Hella fühlt sich auf einmal von dem Freund ihres Mannes angezogen. Ein mysteriöser Todesfall ist die Folge. Margot fällt aus dem Fenster; Hella stößt sie nicht, aber sie hält sie auch nicht fest.

Ausgerechnet am Weihnachtsabend, diesem Fest der Liebe, das sich besser als kein anderes dazu eignet, Emotionen hochkochen zu lassen, informiert Hella Dieter und Levin darüber, daß sie schwanger ist und nicht weiß, wer von den beiden der Vater ist. Sprachlos starren sich die beiden an, es kommt zu einem ziemlich heftigen Streit, und sie schlagen sich kurz darauf wortwörtlich die Zähne ein: Nach der Schlägerei findet Levin sich mit renoviertem Gebiß im Krankenhaus wieder, und es gibt sicher niemanden, der sich das Lachen verkneifen kann, wenn er den Mund aufmacht: Es ist die einmalige Chance, Jürgen Vogel mit einem astreinen Werbegebiß zu sehen. »Das mit den Zähnen, das stand auch schon im Drehbuch«, erzählt er lachend. »Wenn man dagegen dann spielt und so ganz trocken und ernsthaft fragt: ›Sagt mal, kennt ihr einen guten Zahnarzt, ich habe da ja nicht so wirklich Glück gehabt mit meiner Prothese‹, dann ist das geil. Also das hat mir echt Spaß gemacht, selbst mit dem Risiko, daß das too much ist.« Es dauert nicht lange, da gibt es in Hellas Leben einen neuen Mann, Pawel (August Zirner). Der ist schon Vater von zwei Kindern und deswegen für das geplante Familienleben hervorragend geeignet. Nur seine leicht umnachtete Gattin (Andrea Sawatzki) könnte das neue Glück ein wenig stören, doch für so etwas wird es in Hellas Leben Lösungen geben ... Die Story gewinnt immer mehr an komischen Momenten, und der Film verliert etwas von dieser bösen Doppelbödigkeit des Anfangs. Eine Wendung, die nicht unbedingt nachvollziehbar ist, die aber wunderbar humorvolle Szenen birgt. Wie das Zusammentreffen von Levin, Dieter und Hella im

Jürgen Vogel und Katja Riemann in ›Die Apothekerin‹ – im Hintergrund Richy Müller und Isabella Parkinson

Krankenhaus, wenn sie den beiden kurz und knapp verkündet, daß sie noch genau einen Monat bei ihr wohnen können und dann ihre Sachen zu packen haben. Zwei schiefe Gesichter gucken Hella aus weißen Krankenhausbetten ziemlich hilflos an, genauso hilflos wie später am Essenstisch in der Villa, wo sie gnädigerweise dabei sein dürfen. Es ist das präzise und knappe Agieren von Jürgen Vogel, Richy Müller und Katja Riemann, das sich hier in einem trockenen Humor entlädt. »Wir hatten unheimlich viel Spaß miteinander, und ich finde, das überträgt sich auch in diesen ganz heiteren und harmonischen Szenen, wo wir zu dritt leben«, erzählt Katja lächelnd.

Gemeinsam lebt Hella nun mit den drei Männern und Pawels Ehefrau in der alten Villa – eine Konstellation, die von vornherein ahnen läßt, daß ein böser Ausgang bevorsteht, um nicht zu sagen: ein tödlicher. Das Haus geht in Flammen auf, und die beiden Freunde liegen berauscht in einem Zimmer. Man kann nicht sagen, daß Hella sie ermordet, sie tut einfach nichts, um sie zu retten, verschweigt ihre Anwesenheit: Als die Feuerwehr sie fragt, ob noch jemand im Haus ist, verneint sie dies.

Kühl und unglaublich souverän wirkt das Spiel von Katja Riemann, nur eine sehr knappe Bewegung des Kopfes zum Feuerwehrmann, ein Lächeln, das erfroren wirkt, und dann eine kurze Antwort: »Nein, da ist niemand mehr drin.«

Vorbereiten, entscheiden, spielen …

Es sind sehr reduzierte Spielweisen, mit denen es Katja Riemann gelingt, die Widersprüchlichkeit, das Undurchschaubare bei Hella Moormann zum Ausdruck zu bringen. Es sind nicht mehr diese auslassenden, weiten Bewegungen, die wir von ihr kennen, dieser ehrliche Blick, dieses fast mädchenhafte Lächeln. Es sind Bewegungen, die kontrolliert wirken, scheue Blicke, die Gefühle nur noch andeuten, und starre Gesichtszüge, die jede Regung zu verdecken suchen. Es sind nuancierte Spielweisen, die genau sein müssen, gezielt. »Da konnte man nichts vermauscheln. Man mußte immer so eine Doppelbödigkeit spielen«, erläutert Katja Riemann und

Abschied für immer: Katja Riemann und Richy Müller in der Mitte. Szene aus Rainer Kaufmanns ›Die Apothekerin‹

bezeichnet es als schauspielerische Herausforderung: »Beide Seiten in sich zu haben, die Heilige und die Hure. Diese Uneindeutigkeit in der Figur zu lassen, weil Menschen nun mal auch gar nicht eindeutig sind, nicht der Frage hinterherzugehen, ist sie eine Mörderin oder nicht, sondern immer wieder hineinzuschauen, in dieses Bild, das sie von *sich* selber hat, oder wie sie gerne wäre und wie sie auch immer wieder versucht zu sein, standhaft, preußisch geradezu. Und dahinter immer wieder verführt wird von ihrem eigenen Abgrund. Und immer wieder vor selbigem stehend, Zeit verlierend und sich wiederfindend. An einem offenen Fenster, what have I done. Diese Mischung zwischen dem wollüstigen Gefühl und dem Schrecken.«

Für Katja Riemann ist es wichtig, die Figuren, die sie spielt, zu durchdringen, ihre Persönlichkeit kennenzulernen, sich eine Vorstellung von ihrem Charakter zu machen, sich der Gefühlswelt zu nähern:»Ich würde mich als sehr starken Vorbereiter bezeichnen, wobei diese Figur der Hella Moormann mich da immer wieder mit vielen Fragezeichen entlassen hat. So wie ich arbeite, muß man die Vorbereitungszeit und das Spielen noch mal voneinander trennen, und das war hier ganz deutlich. Es war für mich wie ein Sezieren dieser Frau.«

Und dann, wenn man einen Zugang gefunden hat, muß man seine eigene Interpretation finden, seine eigene Spielweise. »Es ist ja eine permanente Entscheidung dieser Beruf, wie man es nun spielen will, weil es ja so viele Möglichkeiten gibt. Im Theater sieht man das ja, da sieht man ja, wie oft *Faust* oder so inszeniert wurde, und immer wieder neu und immer wieder mit einem anderen Ansatz und immer wieder brillant oder auch mal schlecht«, sagt Katja Riemann.»Also steht, bevor ich etwas spiele, die Frage, was spiele ich. Eine Kollegin hätte vielleicht etwas anderes gespielt. Ich in Kombination mit Rainer Kaufmann, wir müssen uns entscheiden, was wir jetzt meinen. Das war ganz wichtig. Ich bin ja gerne bereit zu versuchen alles zu spielen, wenn ich das irgendwie hinkriege, aber ich muß ja vorher erst mal wissen, was ich überhaupt spiele.«

Rainer Kaufmann im Gespräch über Katja Riemann, *Die Apothekerin* und die bürgerliche Gesellschaft

Was war der Reiz, das Besondere am Thema der Apothekerin?
»Als ich das Buch gelesen habe, mußte ich sofort an Claude Chabrol denken, den ich über alles liebe – wenn auch nicht alle Filme von ihm. Ich mag seinen Ansatz, Geschichten zu erzählen, weil er mitten in die französische Gesellschaft hineingeht und in diesem großen Bürgertum nach den Abgründen sucht. Die Geschichte *Die Apothekerin* tut das gleiche in der deutschen Gesellschaft. Wir haben ein sehr großes Bürgertum, und es wird sehr wenig darüber erzählt. Es gibt natürlich Geschichten im Fernsehen, aber die sind immer so high-concept-mäßig, da geht es um die gestohlene Tochter etc. Der An-

satz von Ingrid Noll ist viel subtiler, sie versucht eine Figur zu schildern, die den ganzen Film über braucht, um sich zu entfalten. Das heißt, bis sie überhaupt in der Lage ist, ihre Wünsche zu formulieren und ihnen dann auch nachzustreben. Viele Filme haben darunter zu leiden, daß ihre Figuren passiv sind, das war auch das große Wagnis, eine Figur in den Mittelpunkt zu stellen, von der man ganz häufig nicht genau weiß, was sie will, und sie auch in ihren unsympathischen Wesenszügen sympathisch wirken zu lassen. Sie in ihrer Bösartigkeit anzunehmen und die Boshaftigkeit des Zuschauers herauszukitzeln.«

Aber am Ende bleibt die Welt des Bürgertums heil?
»Sicher, Hella bleibt am Schluß Bürgerkind. Aber es ist dennoch so, daß sich ihre Wünsche verschoben haben, Männer haben nicht mehr so einen Stellenwert in ihrem Leben. Pawel spielt eine untergeordnete Rolle, und die Kinder spielen dafür eine große Rolle. Sie hat eine andere Einheit mit sich gewonnen, es ist nicht mehr so, daß sie denkt, ihr fehlt etwas. Es geht in dem Film nicht darum, daß er das Bürgertum sprengt oder so, sondern es geht darum, zu zeigen, wie die Hella zu ihrem Glück kommt. Damit ist er ganz anders als der letzte Chabrol-Film *Die Biester*, der richtig gesellschaftskritisch ist, fast so wie ein Brechtsches Lehrstück. So ein Drehbuch würden sie einem in Deutschland um die Ohren hauen, das kann man sich nicht trauen. Hier ist es schon viel, zu zeigen, daß unter der Oberfläche etwas anderes brodelt. So wie in der Endszene: Auf den ersten Blick haben wir es mit einer freundlichen Familie zu tun, aber nach dem Film weiß man: ein mörderisches Zusammensein. Makaber, wie die Kinder so zugucken etc. Wenn man sich mal selber überprüft, wo für einen selbst die Komik in dem Film liegt, dann ist das meist an ganz boshaften Stellen. Man wird dazu gebracht, über Dinge zu lachen, über die man eigentlich nicht lacht.«

Wie kamen Sie darauf, die Figur mit Katja Riemann zu besetzen?
»Es mußte eine Figur geschaffen werden, der man immer gerne zuschaut, der man immer gerne folgt, auch in einer gewis-

sen Ungewißheit, die von ihr ausgeht. Eine Figur, die beinahe etwas Ikonenhaftes hat, wo man aus dem Film rausgeht und so ein Bild von ihr im Kopf hat, ein Gesicht, das präsent ist, wo man aber nicht genau weiß, was die Figur denkt. Trotzdem begreift man, wenn man den ganzen Film gesehen hat, was für Abgründe in ihr schlummern. Ich glaube aber schon, daß es die Geschichte von einer Figur ist, die sich entwickelt, die an ihrem Schicksal arbeitet. Sie macht es immer hintenrum und beeinflußt so ein bißchen das Schicksal. In entscheidenden Momenten tut sie Dinge, die andere anders machen würden: Sie läßt die Jungen verbrennen, sie hält Margot nicht fest, sie serviert zum Schluß Königsberger Klopse.«

Das Buch von Ingrid Noll war ein großer Erfolg. Ist es nicht schwierig oder gar mutig, ein solches Buch zu verfilmen?
»Wir haben lange darüber geredet, ob es richtig ist, dieses Buch zu verfilmen, gerade wegen der Schwierigkeit, die die Hauptfigur mit sich bringt. Der ganze Roman ist in der Ich-Form geschrieben, und man versteht erst nach den ersten fünfzig Seiten, daß das Ganze so ein Münchhausen-Roman ist, daß Hella einen die ganze Zeit so ein bißchen ankohlt, daß sie die Sachen immer ein bißchen anders darstellt. Aber wie soll man das im Film machen? Ich wollte einen Film machen, in dem man so ein eigenartiges Verhältnis zu der Hauptfigur bekommt. Eine Mischung aus Sympathie und Faszination, aber auch so ein merkwürdiges Nicht-so-ganz-Wissen, wo man dran ist bei ihr. Und das war die Aufgabe des ganzen Drehbuchs. Es war die Aufgabe, den ganzen Roman so zu einem Filmstoff umzuarbeiten, daß diese Figur im Zentrum steht, daß man etwas wie einen Handschuh schafft, in den sie reinschlüpft. Dazu war es zunächst notwendig, das Drehbuch umzuschreiben und dann natürlich solche Schauspielerkonstellationen zu schaffen wie Katja Riemann und Jürgen Vogel und Richy Müller.«

Hatten Sie die Besetzung von Anfang an im Kopf, oder hat sich das mit der Zeit entwickelt?
»Als ich das Buch gelesen habe, war mir sofort im Kopf, daß das eine gute Figur für die Katja wäre. Weil sie erst mal als un-

Er liebt vor allem schnelle Wagen: Hellas (Katja Riemanns) Ehemann Levin (Jürgen Vogel). Szene aus Rainer Kaufmanns ›Die Apothekerin‹

schuldig erscheint; und gerade daß so eine Figur sich dann als anders erweist, als man denkt, das finde ich spannend. Wir haben uns aber gegenseitig ganz schön geprüft, wir haben uns gefragt, ist es denn richtig, daß wir das so machen. Uns wird sicher später mal vorgeworfen werden, daß ich so den einfachen Weg gegangen bin, das war auch bei *Stadtgespräch* so, da hat man gesagt, du hast da Katja Riemann und Kai Wiesinger und August Zirner besetzt, und dann wird das schon ein Erfolg. Ich glaube, daß wir jetzt keine Angst mehr haben müssen vor solchen Fragen. Jürgen kenne ich auch schon unheimlich lange, und er ist einfach ein so brillanter Schauspieler, das ist einfach unglaublich. Der kommt halt von einer ganz anderen Ecke. Katja ist ganz klassisch ausgebildet, Schauspielschule, und Jürgen hat angefangen, Filme zu machen.

Es war sehr interessant, die Hella und den Levin so zu besetzen. Da beide sehr auf gutes Schauspiel abfahren, haben die sich sehr verehrt, und es hat eine große Lust gemacht, mit denen zu arbeiten. Ich sage nicht, daß es unanstrengend ist. Beide fordern einen sehr, sie fordern, daß man hinguckt, daß man aufpaßt, sie fordern viel, das aber zu Recht. Alle drei Hauptdarsteller zeichnen sich dadurch aus, daß sie ihre Figuren ernst nehmen, für die Figuren kämpfen, für sie einstehen, ihnen zu ihrem Recht verhelfen. Das ist für mich ein ganz wichtiger Aspekt bei der Arbeit mit einem Schauspieler. Wenn einer anfängt, lax mit seiner Rolle umzugehen, dann bin ich richtig erschüttert. Ich denke dann, wieso tut er das seiner Rolle an, wieso holt er da nicht alles raus, versucht, alles herauszuholen? Das hat auch nichts mit Komödie zu tun, eine Szene ist komödiantisch, komisch, das Spiel muß immer ernsthaft sein. Ich bin ja auch gespannt auf die Figur, die dann entsteht. Es ist ein Schauspieler, der muß sich ja Gedanken gemacht haben um die Rolle und sich überlegt haben, wie er das mit seinem Handwerkszeug umsetzt. Wenn ich das alles wüßte, dann müßte er ja nicht in die Schauspielschule gegangen sein. Eine intellektuelle Auseinandersetzung mit einer Figur erzeugt auch eine Wachheit, die ich ganz wichtig finde, die sich auch auf das Publikum überträgt.«

6. Freundschaft, Verbrechen und Musik – Die Zusammenarbeit mit der Regisseurin Katja von Garnier

Ein Überraschungserfolg: *Abgeschminkt*

Es muß im Leben doch noch etwas anderes als Männer geben, meint Frenzy, und schnell wird klar: Frau ist ja so unabhängig geworden, sie hat sich ganz ihrem Beruf verschrieben, von Männern will sie schon lange nichts mehr wissen, und das mit dem Ausgehen, dem oberflächlichen Geplänkel in stadtbekannten Szenekneipen, ist auch nicht ihr Ding. Aber glücklich ist frau nicht, und ihre Arbeit als Zeichnerin läßt auch zu wünschen übrig – vielleicht hat Kreativität ja doch irgend

Nina Kronjäger, Daniela Lunkewitz und Katja Riemann in ›Abgeschminkt‹

etwas mit dem Leben, mit dem ›Sich-Fallenlassen‹ zu tun? Das Leid der Frauen ist die Unabhängigkeit? Nein, das Leid ist lediglich der verkniffene Zug um den Mund, der zurückgezogene Blick, der vor allem, was nach menschlicher Nähe aussieht, schützen soll. Frenzy schützt sich verdammt gut. Sie arbeitet als Comic-Zeichnerin und lebt alleine. Ausgehen tut sie nur, wenn es gesellschaftlich, das heißt beruflich unbedingt notwendig ist, oder wenn ihre Freundinnen sie dazu nötigen. Frenzy wird dargestellt von Katja Riemann. Sie ist die Frau mit dem natürlichen Charme, die in Jeans und T-Shirt immer noch verführerischer aussieht als ihre gestylten Freundinnen. Sie hat einen angenehm trockenen Humor und kann auf eine charmante Art und Weise nicht nur ihre Umgebung, sondern auch sich selbst kritisieren. Manchmal schwebt in ihren Worten ein Hauch von Sarkasmus mit, der aber niemals verletzend oder gar böse ist. Die verkorkste Beziehung ihrer Freundin Maischa (Nina Kronjäger) zu einem jungen Mann namens Klaus, ihr ständiges Bemühen um männliche Bekanntschaften und überhaupt all das Getue um Männer findet Frenzy unmöglich. Manchmal ereilt sie dann allerdings doch eine Lebenskrise, in der sie vom Heiraten und ›mehr‹ träumt.»Letztlich kriege ich dieses Kinderkriegen-Syndrom immer dann, wenn meine Arbeit in einer Sackgasse ist und ich nicht weiterweiß und versuche einen neuen Sinn zu finden«, erklärt sie Maischa, die bei dieser selbstkritischen Analyse längst eingeschlafen ist.

Katja Riemann als Frenzy, ungemein schlagfertig, mit einem frechen Lachen und diesem eigenwilligen, spitzbübischen Blick. Sie setzt der Figur eine Maske von Vernunft, Selbstdisziplin und Zurückhaltung auf. Gleichzeitig entlarvt sie diese Eigenschaften als Lebenslüge. Dann zum Beispiel, wenn in ihrem Blick so etwas wie übermütige Sehnsucht deutlich wird, wenn ihre Antworten von einem sanften Lächeln begleitet werden, das in ein lockeres, befreiendes Lachen mündet, und ihre Bewegungen weich und auf ihre Art unkontrolliert werden.

Verständnislos schaut Frenzy ihrer Freundin Maischa zu, die wegen eines Rendezvous mit ihrem vermeintlichen Traummann René (Gedeon Burkhard) vollkommen aus dem Häuschen ist. Was kann sie anziehen? Wie soll sie sich schminken? Wie frisieren? Baden muß sie sich noch und eincremen, und für all das hat sie nur noch einen ganzen Tag lang Zeit … »Ob mann sich wohl auch so viel Mühe bei seinem Outfit gibt?« fragt sich Frenzy laut und bringt damit auf den Punkt, was so wunderbar lächerlich an dieser Szene ist: sich verbiegen, sich modellieren, sich bis zur Unkenntlichkeit verändern, um einem dieser männlich-göttlichen Wesen zu gefallen.

Vielleicht ein bißchen zu deutlich, zu plakativ, aber in jedem Fall wirkungsvoll thematisiert der Film das ewige Lied von der Suche nach einem schönen Flirt oder gar dem Mann fürs Leben. Katja von Garnier ironisiert die Situation, ohne frau auch nur in einer Sekunde zu verurteilen. Der Blick bleibt liebevoll, schmunzelnd, ein Fingerzeig: Schaut mal her, Mädels, so einen Aufstand macht ihr.

Wenn Maischa ihrer Freundin ganz nach weiblicher Manier erzählt, welche Körperteile sie an sich selbst zu klein oder zu groß findet, fragt Frenzy lächelnd zurück, was denn mit den fehlenden Brusthaaren und den hängenden Pobacken von ihrem Liebsten Klaus sei. »Den Prinzen gibt es nicht«, stellt Frenzy dann auch folgerichtig fest. Auf Maischas Frage, wie er denn sein müßte, der Prinz, antwortet sie kurz und bestimmt: »Jemand, der mich fordert, der einen Sinn für das hat, was ich tue, aber mich auch nicht zu ernst nimmt bei allem: der mich beschäftigt, der mich inspiriert und der eben da ist. Der auch weiß, wie man das Öl wechselt. Und abgesehen davon, der einfach unglaublich gut ist im Bett.«

Jetzt ist es an Maischa, den Kopf zu schütteln: Das ist wohl doch ein bißchen viel verlangt, oder? Sie ist dann auch lieber mit ganz konkreten Dingen beschäftigt, beispielsweise mit dieser vielversprechenden Verabredung am nächsten Tag, für die sie Frenzys Hilfe braucht. Der Traummann hat nämlich einen Freund, Mark (Max Tidof). Der würde bei einem intimen Treffen natürlich nur stören, also muß er an den Mann beziehungsweise an die Frau gebracht werden. Kurzerhand preist Maischa ihre Freundin als Stadtführerin an. »Das wird die kürzeste Sightseeing-Tour, die es in der Geschichte unserer Stadt jemals gegeben hat«, prophezeit Frenzy angenervt, als sie von diesen Plänen erfährt.

Katja von Garnier und Katja Riemann bei den Dreharbeiten von ›Abgeschminkt‹

Doch es wäre kein Kino, würde diese Führung nicht viel länger dauern und vor allem nicht viel romantischer werden als erwartet. Während Maischa ein ziemlich verkrampftes Treffen mit einem selbstverliebten und unsensiblen Typen abhält, verbringt Frenzy einen ausgelassenen Abend mit Mark, der sich als witzig und charmant herausstellt. Die Folge ist eine ziemlich verwirrte Maischa, die zum erstenmal so etwas wie ihre eigene Unabhängigkeit erfährt: Sie genießt einen Abend alleine und trennt sich zu guter Letzt auch noch von Dauerfreund Klaus. »Vielleicht versuchst du einfach mal, mit dir selber klarzukommen«, hatte ihre Freundin gesagt – ja, vielleicht.
Frenzy befindet sich unterdessen in den größten Liebesnöten. Wartet sie doch tatsächlich gebannt auf einen Anruf von diesem »Kerl«, Mark; er hatte schließlich gesagt: »Ich melde mich bei dir.« Schlafen ist nicht, statt dessen malt sie die

ganze Nacht. »Männer, die nicht da sind, machen kreativ …«, lautet der lakonische Kommentar zu diesem Zustand. Das Leben besteht aus mehr als aus ihrem Zeichentisch und ihrer Zurückgezogenheit, und es sind nicht die Männer, die kreativ machen, sondern das Gefühl zu leben, zu atmen, menschliche Nähe zuzulassen.

»Das lasse ich nicht mit mir machen, daß ich hier sitze und warte, daß jemand anruft, wie so eine blöde Puppe. Ich werde ihm sagen, was er für ein elender Mistkerl ist und daß ich ihn nie mehr wiedersehen will …« Und und und … Frenzy läßt all diese wohlbekannten Sprüche weiblicher Unabhängigkeit los; als jedoch das Ziel ihrer Schimpftiraden vor ihr steht, bleibt sie ganz zahm. Katja/Frenzy steht da wie ein kleines, sehr verlegenes Mädchen, lacht befangen, nestelt an ihren Klamotten rum und unterdrückt einen Freudenschrei, als er sich am liebsten sofort mit ihr verabreden möchte. Tja, scheint der Film zu sagen, *nobody is perfect* und niemand vor dem unmöglichen Verhalten in puncto Männer geschützt.

Mit dem Film *Abgeschminkt* landete Katja von Garnier einen Überraschungserfolg. Über eine Million begeisterter Zuschauer sahen sich die Geschichte über zwei Freundinnen und die liebe gute Männerwelt an. Eigentlich war es ein Übungsfilm der Studentin an der Münchener Filmhochschule. Achtzigtausend Mark betrugen die Kosten, finanziert von der eigenen Produktionsfirma Veta-X Filmproduktion. Ein Jahr lang lief der Film in deutschen Kinos und wurde in siebenundzwanzig Länder verkauft. In Italien stand er lange Zeit auf Platz eins der Kinohitliste. Ausgezeichnet wurde der Film gleich mit drei wichtigen deutschen Preisen: dem Bundesfilmpreis, dem Bayerischen Filmpreis und dem Ernst-Lubitsch-Preis.

Dabei war die Situation für den deutschen Film damals alles andere als rosig. Als *Abgeschminkt* startete, war die Haltung der deutschen Zuschauer gegenüber deutschen Filmen eher ablehnend. »Ich bin mit der Produzentin damals mit dem Moped von Kino zu Kino gefahren, um zu gucken, wie viele Leute da drin sind und wie es ihnen gefallen hat«, erinnert sich Katja von Garnier. »Da waren wir an einem Kino, wo *Abgeschminkt* lief und ein amerikanischer Film, der schlecht besprochen war und auch super gefloppt ist. Da kam ein

Pärchen zur Kasse, die haben sich die Bilder angeschaut in den Schaukästen, und sie deutete auf ein *Abgeschminkt*-Bild und meinte: Das sieht doch ganz nett aus. Er sagte: Bist du wahnsinnig, das ist doch ein deutscher Film. Und dann sind sie in den amerikanischen. Ich bin sicher, die waren wirklich enttäuscht, aber die sind trotzdem in den amerikanischen Film, weil der deutsche so eine Tabu-Nummer war. Damals. Das scheint sich jetzt zu ändern, und das ist natürlich positiv.«

Jasmin, Nicolette, zweimal Katja und die Idee zu *Bandits*

Nach *Abgeschminkt* kam eine Menge Drehbuchangebote für Katja von Garnier. Geschichten, die die Regisseurin zwar interessierten, die sie aber nicht wirklich begeisterten. Sie beschloß, wieder eine eigene Geschichte zu entwickeln. Fest stand, daß es ein Musikfilm sein sollte. Gemeinsam mit dem Koautor von *Abgeschminkt* entwickelte sie die Grundidee für *Bandits*, ihren Abschlußfilm für die Filmhochschule.

»Ich wollte etwas anderes machen, andere Wege gehen als bei *Abgeschminkt*«, erzählt die Regisseurin. »Daß es ein Musikfilm sein sollte, war mir klar, weil ich so ein riesiger Fan bin. Also habe ich mir überlegt: Was gibt es eigentlich noch nicht? Es gibt noch nichts à la *Blues Brothers* mit Frauen, es gibt bei uns auch noch keinen Musikfilm mit dramatischem Unterton. Bei Musikfilm denkt man immer an so etwas Heiteres wie Peter Kraus. Beim amerikanischen Musical gibt es das, aber auch nicht mit Frauen. Und dann ist das eben Musical, da geht jemand die Straße runter, beim Bäcker vorbei, und dann fangen sie beide an zu singen, oder der Bahnschaffner fängt an zu singen. Das geht heute nicht mehr, das wäre lachhaft. Da muß man sich vom Stil her etwas anderes überlegen: einen Musikfilm für die neunziger Jahre.«

Die drei Hauptfiguren waren schnell gefunden, und die Geschichte wurde gemeinsam mit Uwe Wilhelm auf die Schauspielerinnen zugeschnitten: Katja Riemann, Jasmin Tabatabai und Nicolette Krebitz.

Katja stand für die Regisseurin von Anfang an fest. »Ich hal-

Katja von Garnier

te sie ganz einfach für eine großartige Schauspielerin«, schwärmt sie. Nicolette und Jasmin hatte sie auf einer Feier zusammen tanzen sehen. »Da steckte so eine unheimliche Energie drin, ich wußte sofort, daß ich sie für den Film haben wollte.« Drei sehr unterschiedliche Frauen, deren Kraft und Persönlichkeit in die Rollenentwicklung hineinreichten, wie die Regisseurin betont: »Die Schauspieler haben auch ganz viele Ideen eingebracht, sie haben die Charaktere mitentwickelt. Ich habe sie während der Drehbuchphase mit ganz vielen Fragen gelöchert: Was wolltet ihr schon immer mal machen und habt euch nicht getraut? Wovor habt ihr am meisten Angst? Raus kam ganz viel Material, was ich auch als Grundlage fürs Drehbuchschreiben verwenden konnte.« Der Film wurde inzwischen auch in die USA verkauft.

Bandits – der Film

Der Film erzählt von vier ganz unterschiedlichen Frauen, die im Knast aufeinandertreffen, die nur eine Gemeinsamkeit haben – die Musik.

Die Rolle der Marie besetzt Katja von Garnier mit Jutta Hoffmann, die sich in der DEFA-Ära an der Bühne und in Film- und Fernsehproduktionen als eine der wichtigsten Schauspielerinnen der DDR etablierte. Sie arbeitete mit Regisseuren wie Egon Günther und Frank Beyer zusammen, erhielt 1972 den Nationalpreis der DDR und wurde auf der Biennale in Venedig für ihre Rolle in *Der Dritte* von Egon Günther als beste Darstellerin ausgezeichnet. Marie ist die älteste der vier Hauptfiguren, irgendwo zwischen Fünfzig und Sechzig. Sie ist zu einer lebenslänglichen Haftstrafe verurteilt, weil sie vor dreißig Jahren ihren Mann mit Arsen vergiftet hat. Sie hatte einen Geliebten, und irgendwie ist nichts so gelaufen, wie es hätte laufen sollen.

Der Gefängnisarzt spricht von schizoiden Tendenzen, ›suizidgefährdet‹ steht in den Akten. Eine Verwundung, könnte man es intimer ausdrücken, mit einer sehr sanften Sehnsucht nach dem Tod. Verträumt, fast ein wenig abwesend erscheint sie, im Gegensatz zu den anderen, aber mit einer unbändigen Lust auf Musik und auf Abenteuer. »Noch einmal Räuber und Gendarm spielen auf dem Weg ins Jenseits. Wunderbar – Rock 'n' Roll«, beschreibt die Schauspielerin ihre Darstellung.

Sie spielt Klavier in der Gefängnisband, und Jutta Hoffmann betont, daß sie als einzige von den vier Schauspielerinnen tatsächlich nichts mit der Musik zu tun hat und nicht Klavier spielen kann: »Ich spiele eine Klavierspielerin, die Klavier spielt.«

Angel ist wesentlich jünger, sie sitzt wegen Heiratsschwindel ein und »versucht sich den Knastalltag mit Charme und Lipgloss zu versüßen«, erklärt Nicolette Krebitz. »Für fast alles, was sie braucht oder erreichen möchte, bietet sie im Tausch, was sie mit ihrem Körper bezahlen kann, weil sie glaubt, daß das alles ist, was sie zu geben hat.« Angel wirkt sehr jung und sehr naiv, so als begreife sie am wenigsten, was im Knast pas-

Die Bandits: Nicolette Krebitz, Katja Riemann, Jutta Hoffmann, Jasmin Tabatabai in Katja von Garniers Film.

siert. Während die anderen hart geworden sind, um dieses Leben auszuhalten, vergräbt Angel sich in einer Wolke aus Einfältigkeit. Sie wirkt klein, mädchenhaft, gutgläubig und unbedarft. Das ist Angels Schutz, ihr Kokon vor der Außenwelt. Nur wenn sie Baß spielt in der Band, zusammen mit Luna und Marie und später auch mit Emma, dann wirkt sie anders, selbstbewußter. Da ist etwas, das ihr Kraft gibt und das nichts mit ihrem Körper zu tun hat, sondern nur mit ihr selbst. Da läßt sie raus, was im Gefängnisalltag verborgen bleibt.

Jasmin Tabatabai ist Luna, sie sitzt wegen Raub und Körperverletzung. Luna, die Harte, die Aufsässige, die Aggressive. Luna, die alles zusammenschreien und -schlagen kann, was ihr in die Quere kommt, Luna, die sich von niemandem etwas sagen lassen will, die alles sein will, nur kein ›Weichei‹. Luna, die manchmal so singt, daß es einem eiskalt den Rücken runter läuft und man nur vermuten kann, daß etwas sehr Zärtliches in ihr steckt.

Und schließlich Emma, dargestellt von Katja Riemann. Sie redet mit niemandem, läßt den Knastalltag über sich ergehen, will nur eins: in Ruhe gelassen werden. Manchmal wirkt Emma sehr verletzlich, dann wenn sie ihre wahren Empfindungen unter einer Maske aus purem Stahl verbirgt und so kalt und abweisend ist, daß nur ein sehr, sehr tiefer Schmerz der Grund sein kann. Dieser Schmerz macht sie aber auch gefährlich, gibt ihr Stärke und die Kraft zu überleben. Wenn sie jemand reizt, schlägt sie zurück.

»Für den Charakter der Emma war mir sofort klar: Das ist ein Krokodil. In der Schauspielschule gibt es etwas, das nennt sich Tierimprovisation, das heißt, man ordnet jeder Rolle ein Tier zu als Charakteristikum, weil das wichtig ist für die Physis bei der Schauspielerei. Und das haben wir gemacht, Jasmin, Coco und ich«, erklärt Katja Riemann. »Wir haben uns alle erinnert an unsere Schauspielschulzeit, wo man Dinge gelernt hat, die man damals nicht begriffen hat, und plötzlich – siehe da – nach ein paar Jahren versteht man das. Das Krokodil zeigt für mich eine unglaubliche Stärke. Es scheint schläfrig und entspannt, und es ist ein Tier, das aus so einer yogischen Ruhe in die gefährliche, ganz intensive Spannung gerät, und da gibt es gar keine Grauwerte. Dabei wirkt es erst mal so unscheinbar und sieht alles durch geschlossene Augen, und das ist Emma für mich auch.«

Emma hat ihren Mann umgebracht, der war Saxophonist in ihrer Band, sie die Schlagzeugerin. Sie war diejenige, die von den Zeitungen zitiert und gefeiert wurde. Damit kam er nicht klar und fing an, sie zu schlagen. Aber Emma war schwanger, durch die Schläge hat sie ihr Baby verloren. »Das ist natürlich eine Überhöhung, die wir benutzt haben, um etwas dramatisch zu machen«, erzählt Katja Riemann über die Rolle. »Emma rächt sich, sie hat ihn ja nicht im Affekt getötet, sondern sie hat gesagt: Du bringst mein Baby um, jetzt bringe ich dich um – und hat damit sich selber getötet.«

Verbunden sind diese vier Frauen durch die Musik, sie wird zum Ventil für aufgestaute Wut, für ihre Ängste und den Wunsch nach Rebellion. Sie wird für die Frauen zur Möglichkeit, Seiten von sich zu entdecken, die verborgen waren; Gefühle, die sie nie gelebt haben und von deren Existenz sie ohne die Musik nichts erfahren hätten. Gemeinsam bilden sie eine Band, eine Gefängnisband, sie sind die ›Bandits‹, und Luna ist diejenige, die als Lead-Sängerin und Gitarristin die Band antreibt; der Boß der Gang sozusagen.

Als Emma dazustößt, gibt es Rangstreitigkeiten, Luna sieht ihre Führungsrolle bedroht. Emma ist Schlagzeugerin, sie bestimmt das Tempo der Songs, gibt den Rhythmus vor. Wie Luna hat sie einen ziemlich starken Charakter und ist offensichtlich nicht gewillt, sich von irgend jemandem unterkriegen zu lassen. Die Musik wird für Emma zum wichtigsten Mittel des Überlebens: »Der Film erzählt, wie Emma wieder anfängt zu leben. Sie wäre keine Selbstmörderin, dazu ist sie zu stolz. Der Film erzählt auf wunderbare Weise die Geschichte, wie sie die Musik, die sie verbannt hat aus ihrem Leben, hineinläßt, wie sie sie in sich hineinströmen läßt. Dadurch fängt sie wieder an, lebendig zu sein, das Herz schlagen zu lassen im wahrsten Sinne. Das ist ihre Rebellion.« (Katja Riemann)

Marie, Angel, Emma und Luna sollen bei einem Polizeiball auftreten, sie werden sozusagen als ›Vorzeigemädels‹ für das ›gut funktionierende Resozialisierungsprogramm‹ eingesetzt.

Nicolette Krebitz, Katja Riemann in Katja von Garniers ›Bandits‹

Aber die Frauen lassen sich nicht vereinnahmen, sondern nutzen die Gelegenheit, um zu fliehen und sich auf eine ungewisse Reise zu begeben. Eine Reise, auf der sich die vier unterschiedlichen Frauen langsam näherkommen, auf der sie erfahren, was es heißt, Vertrauen zu haben und aufeinander aufzupassen.

»Luna ist ein unheimlich einsamer Mensch«, beschreibt Jasmin Tabatabai die Figur. »Sie lernt erst durch diese Freundschaft, daß sie nicht alleine ist auf der Welt. Durch Leute, die bei ihr bleiben, die nicht abhauen und die sich nicht verschrecken lassen und ihr auch Kontra geben. Sie erfährt, daß sie nicht gleich verlassen wird, wenn sie mal weint oder irgendwie Schwäche zeigt. Stärke besteht darin, auch mal Schwäche zu zeigen, Verletzungen zuzulassen, Schmerz, der auch Energien freiläßt, die Energie zu leben, zu überleben.« Noch nie erlebte Gefühle der Freundschaft und Solidarität werden wach, drängen an die harten verkrusteten Oberflächen ihrer verwundeten Seelen und bekommen eine eigenwillige Kontur – eine Kontur, die nicht allgemein gültig ist, sondern die sich ihnen, und nur ihnen, anpaßt. »Durch die Reise mit den anderen Frauen lernt Angel, frei, aber behütet ihre Bedürfnisse zu erkennnen, ihre inneren Werte zu schätzen, sich selbst zu lieben und dadurch vielleicht zum erstenmal auch echte Liebe für andere zu empfinden«, erzählt Nicolette Krebitz und fügt hinzu: »Als Angel war mir wichtig, die Unsicherheit dieser Frau unserer Zeit zu reflektieren und trotz Posen und Glamour eine Leidenschaft und Energie zu zeigen, die hinter jeder Frau darauf wartet, von ihr befreit zu werden.« (Nicolette Krebitz im Presseheft zu *Bandits*)

Die Bandits und ihre charmante Geisel: Fotomodell Werner Schreyer

Noch während die ›Bandits‹ auf dem Weg zum Hamburger Hafen sind, wo sie mit einem Schiff das Land verlassen wollen, spielt ein Radiosender ihre Musik, und die Flucht wird als werbewirksames Medienspektakel benutzt. Da wollte sich einer eine goldene Nase verdienen, doch die vier Frauen sind nicht auf den Kopf gefallen, und es gelingt ihnen, den arroganten Plattenproduzenten (dargestellt von Peter Sattmann) um vierzigtausend Mark zu erleichtern.

Nun sind die ›Bandits‹ also berühmt, und das ist wichtig. »Was interessiert es mich, einen Film zu sehen über eine Band, die ausbricht und nicht berühmt wird, das würde mich nie interessieren«, findet Jasmin Tabatabai sehr treffend. Immer auf der Flucht vor der Polizei, umschwärmt und umjubelt von ihren Fans, wird diese Reise zu einem kurzen, aber intensiven Moment der Freiheit. Für Marie endet sie etwas früher als für die anderen, sie stirbt bei einer Verfolgungsjagd. Die Freiheit endet, oder sie verlängert sich in die Ewigkeit hinein, das kann jeder so sehen, wie er möchte.

Auf der Flucht nehmen sie eine Geisel (Werner Schreyer), um sich in einer heiklen Situation vor ihren hartnäckigen Verfolgern (dargestellt von Hannes Jaenicke und Andrea Sawatzki) zu retten. Der amerikanische Tourist Mark versteht gar nicht, wie ihm geschieht: Warum nehmen ihn diese Mädchen mit Waffengewalt mit? Gerade hatte er noch ganz friedlich mit der Bassistin geflirtet, und nur wenige Augenblicke später sitzt er mit ihnen in dem alten Citroën, und so richtig wird er auch nicht wie ein Gefangener behandelt. Immerhin verführt Angel diesen gutaussehenden jungen Mann noch am selben Abend nach allen Regeln der Kunst. Aber auch Luna, die Mark zunächst nur mit harten Sprüchen bombardiert, kann seinem Charme nicht widerstehen. Angel ist sauer, aber für Rivalitäten ist keine Zeit, die Verfolger sind unnachgiebig hinter der Band her, und auch die Fans lassen nicht locker. Und so beschließen die ›Bandits‹, ein Abschiedskonzert zu geben …

»Ich liebe dieses *larger than life*«, erzählt Jasmin Tabatabai. »Dieses ›Größer als das Leben‹ – das ist für mich Kino, und darum muß es gehen, um große Gefühle, um große Sachen, mit allen Gefahren und Risiken, daß es dann mal zuviel

Die Bandits: Jutta Hoffmann, Katja Riemann, Nicolette Krebitz, Jasmin Tabatabai in Katja von Garniers Film.

wird.« Am Ende wird es dann tatsächlich ziemlich viel, aber das ist wohl das Recht einer Geschichte, die nicht danach verlangt, authentisch zu sein, sondern mit viel Spaß die Botschaft von einer Sehnsucht nach Unabhängigkeit, nach Ungezwungenheit rüberzubringen.

Die Musik ist Ausdruck von Kraft, von ›Sichwehren‹, sie hat etwas mit dem Gefühl von *on the road again* zu tun, sie fühlt sich an nach einem alten französischen Gangsterauto, schmeckt nach Frau, nach Träumen, sie ist stark. Die Musik ist Ausdruck einer Rebellion gegen ein Leben, das den vier Frauen keine Chance gegeben hat; sie ist ein individueller Widerstand gegen den langsamen, den schleichenden Tod, den ihnen die Gesellschaft verordnet hat. »Ich finde, daß in meiner Generation so etwas zuwenig stattfindet. Es gibt keine Rebellion mehr, aber es gibt trotzdem so eine Sehnsucht danach. Ich habe letztes Jahr eine Dokumentation gedreht über die neue Generation, und ich habe festgestellt, so unterschiedlich die Leute sind, ob das jetzt ein Höhenkletterer ist oder eine junge Prostituierte oder ein Junkie, es gibt gewisse Gemeinsamkeiten: Flucht in das jeweilige Medium, dem sie sich verschrieben haben, und Desillusion. Das finde ich schade, und da schien mir Rebellion ein erzählenswerter Gedanke.«

Bandits – die Musik

Ende 1997 gab es Gold für die CD zum Film. Innerhalb kürzester Zeit waren zweihundertfünfzigtausend Exemplare verkauft worden, inzwischen sind es weit mehr als dreihunderttausend. In Los Angeles gaben die ›Bandits‹ ein A-cappella-Konzert, über das jeder, er es gesehen und gehört hat, ins Schwärmen gerät. Die Musik von *Bandits* ist zu einem Riesenerfolg geworden, und für den Film bedeutet sie viel mehr, als nur ›ein Begleitstück zur Story‹ zu sein.

Die Musik ist die Grundidee zum Film, sie ist das fünfte Element in der Geschichte um die Vierer-Bande. Die Musik gehört zu den einzelnen Figuren und deckt ihre eigentlichen Charaktere auf, weil sie ursprünglicher und direkter ist als die Gesten und Worte der Frauen. Wenn sie Gitarre spielt, muß Luna auf ihre inneren Schwingungen hören, das kommt direkt vom Herzen, geht in die Fingerspitzen und wird … Musik. Wenn Angel Baß spielt, ist es das Grummeln im Magen, das *feeling*, das ihr Spiel bestimmt. Emmas Schlagzeugspiel entspricht ihrem Herzschlag, der Takt ist der eigene Rhythmus. Mit Hilfe der Instrumente kommen die Gefühle an die Oberfläche, Emotionen werden faßbar, spürbar, über den Geist, über die Sinne, auf einmal können wir Gedanken, Ängste, Freude erleben, gemeinsam mit den Figuren.

Die Musik in *Bandits* ist Wut und Sanftmut, ist ein Schrei und ist sanftes Flüstern, sie ist melodisch und erscheint gleichzeitig oft hart und aufrüttelnd. Jasmin Tabatabai erklärt, daß es weniger um einen bestimmten Stil als um die inhaltliche Komponente der Musik ging: »Es ist eine Rock-Band, keine Techno-Band. Wenn Luna Gitarre spielt, spielt sie auch nicht wie ein Jazzer, sie spielt keine virtuosen Soli, denn das kann sie gar nicht. Diese Krachmacher interessieren sie nicht, sie will auf sich aufmerksam machen, ihre Musik ist ein Schrei nach Hilfe. Mir war wichtig, daß mit dem Gesang gebrochen wird, daß es nicht dieses Nullachtfünfzehn-Rockgekreische ist, sondern man ab und zu mal raushört, daß sie eigentlich Sehnsucht hat nach schönen Melodien, nach Schönheit und nach Liebe.«

Das ist die dramaturgische Kraft von Musik, eine Kraft, die seit jeher vom Kino genutzt wurde. »Musikfilme sind eine Sache, die mich schon immer fasziniert hat. Na ja, und Musik sowieso, die hilft einem so oft aus schlechten Stimmungen heraus, macht Traurigkeit manchmal zu einem Erlebnis«, erzählt Katja von Garnier über ihre Faszination von der Musik.

Bei *Bandits* ging es vor allem darum, die Musik zu einem Teil der Charaktere werden zu lassen und jeden in seiner Einzigartigkeit vorzustellen. Wie sollte das besser gelingen als mit Hilfe derjenigen Menschen, die am nächsten an der Geschichte dran waren: Katja, Jasmin und Nicolette?

»Wir dachten zunächst erst mal gar nicht daran, daß die Mädels Stücke schreiben würden. Also holten wir von verschiedenen Komponisten Arbeiten ein und gaben auch Songs in Auftrag. Aber Songs, die die Mädels parallel versuchsweise bastelten, waren einfach authentischer, besser, mit mehr Seele drin. Durch ihre Nähe zur Geschichte waren sie auch einfach dem Grundgefühl der Musik näher.« (Katja von Garnier in den Presseinformationen zur Musik von *Bandits*)

Jasmin Tabatabai war da natürlich vollkommen in ihrem Element. Als Lead-Sängerin und Gitarristin der Band *Even Cowgirls Get the Blues* hatte sie schon oft Texte geschrieben und auch mal mit Nicolette in ihrer Freizeit rumprobiert. »Ich bin altmodisch«, sagt sie. »Ich bin der Meinung, ein Song ist ein Song ist ein Song ist ein Song. Will heißen, ich mag Lieder, die eine zeitlose, schöne Melodie haben und die einem ans Herz gehen, egal ob mit Lagerfeuer-Gitarre oder mit Big Band vorgetragen.«

Drei Lieder gab es schon vor dem Film: Als Jasmin der Regisseurin PUPPETS, CRYSTAL COWBOY und ANOTHER SAD SONG vorspielte, war Katja von Garnier gleich begeistert:

»*Puppets* war für mich von Anfang an der Kandidat für den ›Hit‹ im Film. Weil es eben gar kein spekulatives Lied ist, aber etwas ganz Besonderes hatte – einen gebrochenen Unterbau.«

ANOTHER SAD SONG ist Lunas Song, wenn sie dasitzt und mit der Gitarre in der Hand singt: »But I can really tell you what is wrong, all what comes out is another sad song, maybe it's because I slept too long and nobody called me on the phone.« Mit ganz klarer Stimme, die einen Hauch von rauhem Unterton aufweist, einer Stimme, in die sich etwas Weiches, etwas Zartes hineinschleicht. Auch ihr Spiel bekommt etwas Sanftes, dann fühlen wir ihre Einsamkeit, ihre Verletzbarkeit. Ausgerechnet Luna, die vorher noch IF I WERE GOOD ins Mikrofon geschrien hatte, so als gelte es, die ganze Verzweiflung, die Wut und die Angst in einem einzigen Lied unterzubringen.

I LIKE IT war Jasmins erstes Auftragslied: »Ich versuchte mir vorzustellen, wie Luna wohl reagieren würde, wenn sie nach langer Abstinenz von einem schnuckeligen jungen Mann zärtlich berührt wird. Nun, sie würde ihn vermutlich niederschlagen, aber dann …« Genau dann kommen diese einfachen, aber wahrscheinlich sehr treffenden Zeilen: »I don't know, what you're doing to me, but I like it.« Viel mehr Text brauchte es eigentlich nicht: »I like it – I like it – I like it …«

CRYSTAL COWBOY ist von Jasmin Tabatabai und Nicolette Krebitz gemeinsam geschrieben worden. Wenn Angel mit diesem Song den amerikanischen Touristen verführt, dann verschmelzen Charme und Erotik in einem einzigen »You make me feel so nice, get off of your horse and kiss me twice« zu einem zauberhaften Versprechen, was sie mit ihren Körpern tun werden.

Nicolette Krebitz ist als Angel die Bassistin der Band, Baßspielen mußte sie lernen. Zwar hatte sie in der Vergangenheit viel mit Musik zu tun, als sie ihre Ausbildung im Musical-Bereich machte, doch war es das Tanzen, was sie immer gefesselt und beschäftigt hat. »Für meine Rolle fing ich an, Musik neu zu hören. Jetzt war ich also mit für den *groove* zuständig. Für einen Ton oder eine Farbe. ›Don't think about it – feel it!!!‹«

Wenn Jasmin das Herz und die Seele in *Bandits* und Coco, wie ihre Freunde Nicolette nennen, der Paradiesvogel in *Bandits* ist, dann ist Katja das Wunder in *Bandits*. So jedenfalls sieht Udo Arndt die Band, und er war als Producer am Entstehungsprozeß der Band und ihrer Songs beteiligt: »Katja, die erfolgreiche, allseits bekannte Schauspielerin, entdeckt ihre Liebe zu dem sperrigsten Instrument, das es in Bands gibt, dem Schlagzeug.« (Udo Arndt in den Presseinformationen zur Musik von *Bandits*)

Davon waren alle im Team begeistert, von Katjas Eifer, ihrem Enthusiasmus für das Spiel und ihrem Talent. Innerhalb sehr kurzer Zeit hat sie gelernt, dieses Instrument in seinen Grundzügen zu beherrschen und auch schwierige Partien nachzuspielen, ohne daß man ihr die Anstrengung ansieht.

Angefangen hatte alles mit einem Anruf von Katja von Garnier im Oktober 1995, bei dem sie von dem Filmprojekt

›Bandits‹ – eine Band auf Erfolgskurs

149

berichtete; den Dialog gibt Katja Riemann folgendermaßen wider:

»Sie: Du spielst übrigens Schlagzeug.

Ich: Okay. Dann werde ich mir mal morgen eins kaufen.

Sie: Ja, das wäre gut.«

Katja Riemann weiter: »Ich bin sehr glücklich damit, weil es viel mit dem Charakter der Emma zu tun hat. Ich finde, daß das Schlagzeug deshalb so gut zu ihr paßt, weil es eine Basis hat, eine Einfachheit, eine Schlichtheit, eine Übersichtlichkeit. Ringo Starr war eine Vorlage für mich, der selber darunter leidet, daß er nicht so ein unheimlich geschäftiger Schlagzeuger geworden ist wie Stan Gats, der war wie 'ne Tempomaschine – oder ist. Emma ist für mich auch so wie ein Untermann im Zirkus, bei Menschenbauten, bei fliegenden Männern oder so. Der Untermann bestimmt das ganze Gleichgewicht. Und das ist beim Schlagzeug auch so, zumindest kann man diese Position dem Schlagzeug einräumen, und so ist es auch in der Musik aufgenommen.«

Emma gibt mit ihrem Spiel den Rhythmus der Band vor, sie gibt den Takt an. Auch im Leben erscheint sie als der klare Kopf in der Vierer-Band, der »mentale Leader«, wie Katja von Garnier sie nennt. »Katjas musikalisches Talent lag sowieso auf der Hand«, erzählt sie. »Ich behaupte, niemand kann ein wirklich guter Schauspieler sein, ohne nicht irgendwie musikalisch zu sein. Katja hatte mir in der Vergangenheit Lieder vorgespielt, die sie mit Peter Sattmann gemacht hatte. Peter war dabei weitgehend für die Musik zuständig, Katja für Gesang und Texte.«

SHADOWS heißt Katjas Song, den sie für *Bandits* geschrieben hat. Über die Entstehung und das Vorspielen erzählt Katja Riemann: »Die nächtliche Aufregung beim Aufnehmen meiner Song-Versuche, der Angstschweiß beim Vorspielen derselben wurden belohnt, indem mein Stück von den Bandits (auch von den männlichen Studio-Bandits) ins gemeinsame Repertoire aufgenommen wurde.« (Presseinformationen zur Musik von *Bandits*)

SHADOWS ist ein Song, so sanft wie Emma sein könnte, wenn sie es zulassen würde. So klar, wie Emmas kühles, durchdachtes Handeln bei der Flucht und so schmerzhaft wie der Verlust ihres Babys, aber auch so stark, wie man nur durch Schmerzen werden kann. »Sie ist ganz weich und dadurch unverletzbar«, beschreibt es Katja Riemann.

»All this laughter, all this fighting, seem to be a part of mine«, singt Emma, und man hat den Eindruck, ihre ganze Seele liegt in diesen Worten.

7. Filmographie

Kino

Ein Mann für jede Tonart (1992)
Regie: Peter Timm; Buch: Hera Lind, Peter Timm; Kamera: Fritz Seemann; Schnitt: Pia Fritsche; Musik: Konstantin Wecker; Produktion: Heike Wiehle Timm.
Darsteller: *Katja Riemann* (Pauline), Uwe Ochsenknecht (Dr. Porsche), Gudrun Landgrebe (Frau Lalinde), Henry Hübchen (Georg Lalinde), Maren Schumacher, Maria Happel, Tilo Prückner, Andrea L'Arronge.
Kinostart: 11.2.93.
INHALT: Im Mittelpunkt dieser Komödie, die nach einem Roman der deutschen Erfolgsautorin Hera Lind entstand, steht die junge Sängerin Pauline, dargestellt von Katja Riemann. Die Musik ist ihr Handwerk und ihre Leidenschaft, tagtäglich übt sie Tonleitern und hetzt von einem Auftritt zum anderen. Sie singt wunderbare Solopartien vor einem riesigen Publikum mit großen Orchestern, genauso wie sie im Backgroundchor bei Plattenaufnahmen für Heino mittut. Gleich zwei verheiratete Männer machen ihr den Hof, ein forscher junger Arzt (Uwe Ochsenknecht) und ein zurückhaltender Musikkritiker (Henry Hübchen). Sie läßt sich mit beiden ein; ist der eine zurückhaltend, genießt sie die Forschheit des anderen. Als die Heldin schwanger wird, kneifen zunächst beide, zumindest scheint es so, denn vielleicht kann sich ja doch noch einer der Herren als Vater gewinnen lassen.
ZUM FILM: »Kurzweil jedenfalls dürfte *Ein Mann für jede Tonart* höchstens jenen bereiten, die sich in Düsseldorf und Umgebung – wo der Film entstand – einigermaßen auskennen. Sie kommen nämlich in den Genuß etlicher topographischer Ungereimtheiten. So landen Figuren, die den Künstlereingang des Schauspielhauses betreten, plötzlich auf der Bühne der Tonhalle. Bei der Fahrt über die Kö kontrolliert Uwe Ochsenknecht die Zeit durch einen Blick auf die Normaluhren am Volksgarten. Und wenn – beim sommerlichen Abendbummel auf der Neusser Rheinseite – urplötzlich am gegen-

Gudrun Landgrebe und Katja Riemann in Peter Timms ›Ein Mann für jede Tonart‹

überliegenden Ufer die Silhouette des Kölner Doms auftaucht, verführt der Film einen doch noch zu jenem breiten Grinsen, das er dem Zuschauer sonst so furchtbar schwer zu entlocken weiß.« (Otto Heuer in: *Rheinische Post*, 12.2.93)
KRITIKEN: B. S. in: *Rheinische Post*, 23.6.92; Wolfram Goertz in: *Rheinische Post*, 25.6.92; *Rheinische Post*, 7.7.92; mr in: *Rheinische Post*, 12.2.93.

Abgeschminkt (1993)
Regie/Schnitt: Katja von Garnier; Drehbuch: Katja von Garnier, Benjamin Taylor, Hannes Jaenicke; Kamera: Torsten Breuer; Musik: Peter Wenke, Tilmann Höhn; Produktion: Ewa Karlström für Vela-X/HFF.
Darsteller: *Katja Riemann* (Frenzy), Nina Kronjäger, Gedeon

Burkhard, Max Tidof, Daniela Lunkewitz, Peter Sattmann, Jochen Nickel.
Kinostart: 9.6.93.

INHALT: Frenzy, dargestellt von Katja Riemann, arbeitet als Comic-Zeichnerin, sie lebt alleine und behauptet felsenfest, daß sie keine Zeit für Männer habe. Überhaupt, das ganze Aufhebens, das die Freundinnen wegen des männlichen Geschlechts machen, lehnt sie ab. Maischa ist da ein Paradebeispiel, sie ist Krankenschwester und hat zur Zeit nur eins im Kopf: ein aufregendes Abenteuer mit einem vermeintlichen Gigolo. Aber es kommt, wie es kommen muß, und natürlich erliegt auch Frenzy bald dem Charme eines jungen Mannes. Und, wer hätte das gedacht, sofort eignet sie sich all jene Verhaltensweisen an, die sie vorher bei den Freundinnen so belächelt hat: ›warten auf eine Nachricht‹ von ihm, ›sich schön machen‹, ›Kleidung auswählen‹, ›nicht schlafen‹ ...

ZUM FILM: »Wo die Liebe hinfällt und welche Rolle der Zufall dabei spielt, davon erzählt die 27jährige Filmhochschülerin Katja von Garnier in ihrem locker gestrickten Lustspiel um Freud und Leid im Gefühlsleben zweier junger Frauen. Im Alleingang (Regie/Drehbuch/Schnitt) hat die talentierte Jungregisseurin ihren ersten Langfilm auf die Beine gestellt und bringt mit ihm frischen Wind in die immer noch etwas schwermütige deutsche Kinoszene. Obwohl die Story nicht gerade von Neuigkeiten über den wenig jungen Geschlechterclinch zwischen Mann und Frau strotzt, treibt sie ihre sympathische Beziehungskomödie mit spritzigen Dialogen, liebevoller Ironie und unverbrauchten Darstellerinnen auf so amüsante wie kurzweilige Unterhaltungshöhen.« (Albert Baer in: *Rheinische Post*, 2.7.93)
KRITIK: *Kölner Stadt-Anzeiger*, 3.7.95.

Der bewegte Mann (1994)
Regie und Buch: Sönke Wortmann, nach den Comics *Der bewegte Mann* und *Pretty Baby* von Ralf König; Kamera: Gernot Roll; Schnitt: Ueli Christen; Musik: Torsten Breuer; Songs: Palast Orchester; Produktion: Bernd Eichinger für Neue Constantin/ Olga Film.
Darsteller: Til Schweiger (Axel), *Katja Riemann* (Doro), Joa-

chim Kròl (Norbert), Martina Gedeck (Jutta), Rufus Beck, Armin Rhode (Metzger), Christof Wackernagel, Heinrich Schafmeister, Kai Wiesinger (Gunnar).

Kinostart: 13.10.94.

INHALT: Gigolo Axel (Til Schweiger) wird von seiner Freundin (Katja Riemann) aus der Wohnung geschmissen, nachdem sie ihn mit einer anderen Frau erwischt hatte. Einsam tingelt er durch die Stadt, sucht eine Bleibe und kommt erst nach einigem Hin und Her bei dem homosexuellen Norbert (Joachim Kròl) unter. Der verliebt sich prompt in den smarten Hetero, allerdings ohne Erfolg. Axel kehrt schon bald reumütig zu Doro zurück, die ein Kind von ihm erwartet. Dennoch bleiben die Verwicklungen zwischen Homos und Heteros, Ehefrauen und Geliebten nicht aus, aber nach vielen Hindernissen kommt es zum vermeintlichen Happy-End ...

Gigolo Axel (Til Schweiger) in ›Der bewegte Mann‹

155

ZUM FILM: »Mißverständnisse spielen in Sönke Wortmanns Film eigentlich die Hauptrolle. Im Prinzip geht's hier zu wie in jenen Schwänken, mit denen man auf deutschen Volksbühnen so beharrlich für Brüller im Publikum sorgt. Da steht ein vermeintlicher Liebhaber zwischen den Mänteln, der eigentlich gar keiner ist, sondern nur da steht, weil der eine dachte, die andere könnte denken, er hätte nicht nur gedacht, sondern auch noch getan, was er keinesfalls hätte tun sollen und eigentlich ja auch gar nicht getan hat. Und so weiter. Doch auf dem Schnittmuster dieser schlichten dramaturgischen Grobmechanik zaubert Wortmann hier ein Lustspiel von gehobenem Unterhaltungswert. Zumindest, wenn man es an dem mißt, was das deutsche Kino der letzten Jahre sonst so an komödiantischen Versuchen hervorgebracht hat. Dabei läßt der nach Motiven der Erfolgscomics von Ralf König gedrehte Film nicht nur kein Homosexuellen-Klischee aus, sondern überspitzt sie derart, daß sich mit ihnen schon wieder spielerisch umgehen läßt. Ob da nun der homosexuelle Ästhet und Gourmet Norbert an seinem grobschlächtigen Verlegenheitsliebhaber leidet oder schwer verunsicherte Heteros in ihrer Männergruppe trotzig üben, ›Titten‹ statt ›grosche Brüscht‹ zu sagen (da so was im Dialekt besonders komisch klingt, muß natürlich einer von ihnen auch noch schwäbeln), das alles ist mehr Karikatur denn subtile Milieuzeichnung, will aber auch gar nichts anderes sein. Und weil Wortmann in vielen Sequenzen ein sicheres Gespür für Situationskomik und szenische Auflösungen beweist, sieht man ihm letzlich auch nach, daß manche der Gags quasi mit Ansage kommen.« (*filmdienst* 20/94)
KRITIKEN: *Der Spiegel*, 3.10.94; Reinhard Luke in: *filmdienst* 20/94; Albert Baer in: *Rheinische Post*, 7.10.94.

Nur über meine Leiche (1994/95)
Regie: Rainer Matsutani; Buch: Rainer Matsutani, Sebastian Niemann; Kamera: Gerhard Schirlo; Schnitt: Hana Müllner; Musik: Nikos Platyarchos; Produktion: Jürgen Hebstreit für Engram Pictures/TiMe/Arnold & Richter Cine Technik.
Darsteller: *Katja Riemann* (Rita), Christoph M. Orth (Fred), Ulrike Folkerts (Charlotte), Julia Brendler (Lisa), Felix Eitner (Frosch), David Michael Williamson, Udo Kier.

Kinostart: 20.7.95.

INHALT: Fred (Christoph M. Orth) ist das, was man gemeinhin einen Macho nennt: Er nutzt seine Arbeit in der Partnervermittlungsagentur von Ehefrau Charlotte (Ulrike Folkerts), um sich in die Herzen und in die Betten der Kundinnen zu mogeln. Charlotte läßt ihn ermorden; in der Hölle bekommt er jedoch noch eine Chance zu leben: Wenn er in drei Tagen drei Frauen erlöst, denen er einst übel mitgespielt hat, darf er weiterleben. Mit Hilfe des Mauerblümchens Rita (Katja Riemann) macht er sich auf den Weg, er erlöst die Tochter, die die Sprache verloren hat, als ihre Mutter sich aus dem Fenster stürzte, er erlöst die Seele seiner toten Frau, die unglücklich durchs Jenseits wandelt, und er erlöst die Seele der Frau, die ihm schon so lange zur Seite steht, deren Zuneigung er nur langsam erkennt …

ZUM FILM: »Man glaubt es eigentlich erst, wenn man es mit eigenen Augen gesehen hat: ein Film aus Deutschland, der keine Literaturverfilmung ist, keine Beziehungskiste behandelt, keine hirnlosen Blödeleien zwischen Manta und Helge Schneider kopiert – und der dennoch einen ausgeflippten Unterhaltungsspaß bietet. *Nur über meine Leiche* paßt hierzulande (noch) in keine Kategorie und bedient sich dennoch sehr vieler Schubladen, die man aber eben nicht aus hiesigen, sondern eher schon aus amerikanischen Vorbildern kennt: Versatzstücke eines Romantik-Märchens mischen sich mit Elementen einer rabenschwarzen bis makabren Sitcom-Komödie, wild überzogene Aktionen reiben sich an der Romanze einer Liebesgeschichte. *Terminator* meets *Ghost* könnte man sagen, aber das trifft es doch wieder nur bedingt: Nach Rainer Matsutanis Film wird sich der deutsche Unterhaltungsfilm neu definieren müssen. Das ist gewiß dem überbordenden Einfallsreichtum der Autoren, wohl auch der Ausstattung und den technisch bemerkenswerten Effekten zu verdanken. Vor allem aber ist es das Verdienst der hervorragenden Schauspieler, die alle Verrücktheiten mitmachen und mit ihrer Lust am überdrehten Spiel die Fäden zusammenhalten.« (Horst Peter Koll in: *filmdienst* 17/95)

»Nichts paßt zusammen, aber das auf immer wieder überraschend unterhaltsame Weise. Die Spannungs- und Humor-

kurven steigen und fallen (in sich zusammen), die Einzelhei-
ten sind lustiger als das Ganze, die Stunts und Special Effects
haben bisweilen einen für hiesige Verhältnisse erstaunlichen
Drive und Witz. Daß der Film nicht völlig auseinanderfällt,
verdankt er aber besonders Katja Riemann, die sich vom
Mauerblümchen über den Kumpel zur Liebenden wandelt,
inmitten all des Chaos so etwas wie eine Figur kreiert.
Der junge Regisseur Rainer Matsutani, Jahrgang 1964, japa-
nisch-deutscher Herkunft, der von sich sagt, er sei mit dem
amerikanischen Kino groß geworden, hat einen hochmorali-
schen Film gedreht, der leider den Sprung von der surreali-
stisch angehauchten Komödie zum Wahnsinn nicht schafft.«
(Wilhelm Roth in: *epd Film* 19/95)
KRITIK: Bodo Fründt in: *Süddeutsche Zeitung*, 31.10.95.

Küß mich! (1995)
Regie/Buch: Maris Pfeiffer; Kamera: Sophie Maintigneux;
Schnitt: Nina Ergang; Musik: Joe Mubare; Produktion: Mark
Glähr, Maris Pfeiffer für SpielFilm Production/Roxy Film/
BR/WDR/MDR.
Darsteller: Caroline Redl (Paula), Tobias Langhoff (Fabian),
Kai Scheve (Michael), *Katja Riemann* (Katharina), Heino
Ferch (Johannes), Detlev Buck.
Kinostart: 20.7.95.
INHALT: Paula (Caroline Redl) klaut gerne Füllfederhalter, sie
lebt in Berlin, und sie hat einen Freund, Michael (Kai Sche-
ve). Mit dem plant sie gerade ihre Zukunft: Heirat, Wohnung,
Kinder. Sicherheit und Glück sind vorgeplant. Sie hat stu-
diert, sie könnte als Journalistin arbeiten, doch sie lehnt es ab,
einen Beruf zu ergreifen, Karriere zu machen und dann doch
unglücklich zu werden. Ihre Freundin Katharina *(Katja Riemann)* steht Paulas Plänen von Hochzeit etc. skeptisch gegenüber. Ihr Leben verkörpert so ziemlich das Gegenteil von
dem, was Paula vorhat: Sie ist alleinerziehend, arbeitet als Fotografin und ist gerade dabei sich – ganz unkonventionell – in
Johannes (Heino Ferch) zu verlieben. Da lernt Paula den
Bühnenbildner Fabian (Tobias Langhoff) kennen. Seine offene und spontane Art und Weise verwirrt sie, dennoch fühlt sie
sich zu ihm hingezogen. Gleichzeitig wehrt sie sich gegen ihre

Es scheint doch er der Richtige zu sein: Heino Ferch, Katja Riemann und Filmtochter in Maris Pfeiffers ›Küß mich!‹

Sie klaut Füller, aber er liebt sie. Kai Schewe und Katja Riemann in ›Küß mich!‹

Gefühle, und sie versucht sich zu zwingen und ihren einge-
schlagenen Weg fortzusetzen. Doch Fabian kann sie nicht
mehr so einfach wegdenken aus ihrem Leben, und die Zweifel an ihrer bisherigen Lebensweise und an ihren Zukunfts-
plänen werden immer stärker.

ZUM FILM:»>Komische Generation‹, murmelt Paulas Profes-
sorin kopfschüttelnd, als die junge Frau eine ihr angebotene
Stellung ausschlägt und dies mit ihrer eher altklugen als über-
zeugenden Lebenssicht erklärt. Hinter der selbstsicheren Fas-
sade führt Paula ein Leben der geborgten Erfahrungen und
folgt einer Konstruktion, die keinen souveränen Umgang mit
den eigenen Gefühlen einplant. Wie sie dadurch zum Spiel-
ball ihrer emotionalen Unreife wird, davon erzählt diese
leicht und betont ›flockig‹ erzählte Beziehungskomödie, der
man sympathische Figuren und erzählerische Eleganz nicht
absprechen kann. Vor allem die auf den ersten Blick unspek-
takuläre, aber präzise pointierende Kameraarbeit ist beein-
druckend: Sophie Maintigneux taucht Paula und die anderen
in adäquate Stimmungsfelder und tupft geschickt farbliche
Akzente (Rot als wiederkehrendes Signal in Schattierungen
bis zum Orange, in dem Paula die Wände ihrer neuen Wohnung streicht). Dabei könnte man beinahe übersehen, daß die
›Wahrheiten‹ hinter den Bildern eigentlich doch eher haus-
backen und anspruchslos, wenn nicht gelegentlich arg banal
sind. Allenfalls Paulas Seelenleben wird leidlich aufgefächert
und in seinen emotionalen Schichten freigelegt, während die
Personen um sie herum stoische Stichwortgeber bleiben.
Reizvoll ist der Film immer da, wo er Paulas Gefühlskurve
wirklich visualisiert.« (Horst Peter Koll in: *Filmdienst* 15/95)
KRITIK: Knut Hickethier in: *epd Film* 7/95.

Stadtgespräch (1995)
Regie: Rainer Kaufmann; Buch: Ben Taylor; Kamera: Klaus
Eichhammer; Schnitt: Ursula Mai; Musik: Stefan Traub; Pro-
duktion: Henrik Meyer für Studio Hamburg/ZDF.
Darsteller: Kai Wiesinger (René Krauss), *Katja Riemann*
(Monika Krauss), Martina Gedeck (Sabine Kirsch), Moritz
Bleibtreu (Karl), August Zirner (Erik Kirsch).
Kinostart: 26.10.95.

INHALT: Monika *(Katja Riemann)* wird dreißig, eigentlich ein Grund zu feiern: Sie ist Radiomoderatorin und recht erfolgreich in ihrem Job, sie hat eine Wohnung, man könnte sagen, sie hat ihr Leben im Griff. Nur eins hat sie nicht: Freunde, geschweige denn einen festen Partner. Dafür hat sie René (Kai Wiesinger).

René ist ihr Bruder, und er ist frisch verliebt. Er hatte es satt, immer alleine zu sein, und sich kurzerhand per Anzeige einen Mann gesucht. Monika soll es doch einfach auch mal versuchen. Sie ist skeptisch, doch warum soll man nicht manchmal auf seine Brüder hören? Und tatsächlich findet sie ihn via Anzeige: den Traummann. Absolut perfekt ist er, zu perfekt, da muß irgendwo ein Haken sein. Wenig später kommt es raus, er ist verheiratet. Und zwar ausgerechnet mit der einzigen Freundin, die Monika seit wenigen Wochen hat. Jetzt heißt es Entscheidungen treffen: Freundin oder Mann? Verhältnis und Freundin? Beziehung und keine Freundin? Ein aufwühlendes Hin und Her beginnt, das nicht zuletzt mit Hilfe von Monikas Radio-Talk-Show gelöst wird.

ZUM FILM: »Monika hat sie mit Sicherheit, Sabine hat sie auch. Allein Erik ist schon über sie hinaus. Auch René hat sie. Der gesteht sich das nur nicht ein. Die Rede ist von einem Phänomen, für das es noch keinen wirklich griffigen Namen gibt: Die Krise um die 30. Rainer Kaufmann zeichnet in seiner Komödie *Stadtgespräch* auf äußerst witzige Weise ein ganzes Panoptikum jener krisengeschüttelten Spezies narzißtischer Elendsgestalten: Des Alleinseins müde, sitzen sie in Designersofas, trinken Prosecco den lieben langen Tag und gehen abends zur Problemzonengymnastik. Die Story, die Kaufmanns Stadtgespräch zugrunde liegt, ist flach und banal. Daß sie dennoch funktioniert, verdankt sie der guten Besetzung und einer ganzen Reihe originell inszenierter Szenen. Von Anfang an ist klar: Hier kann gelacht werden. Dafür hat Kaufmann in München den Hypo-Filmpreis bekommen. Es ist vor allem die Musik, die er geschickt einsetzt, so daß der Film sein Tempo halten kann: Da wird das bloße Tischdecken in Renés Restaurant plötzlich zum Pas de deux von Riemann und Wiesinger, das an Revuefilme aus den 40er Jahren erinnert.« (Renate Meinhof in: *epd Film* 11/95)

»*Katja Riemann* ist in die Rolle der resoluten Radiotalkerin wie in eine zweite Haut geschlüpft, sie wirkt in jeder Szene routiniert glaubwürdig. Sonderlob für Moritz Bleibtreu als Renés Freund Karl, das treudoofe Kraftpaket! Apropos Kraft: Offenbar hatte Rainer Kaufmann einen Sponsoring-Vertrag mit dem Bodybuilder-Verband. Noch nie wurde in einem Film so viel Kraftsport betrieben.« (Barbro Schuchardt in: *Kölnische Rundschau*, 28.10.95)
KRITIKEN: Hans Jörg Marsilius in: *Filmdienst* 21/95; Heiko R. Blum in: *Rheinische Post*, 27.10.95; Albert Baer in: *Rheinische Post*, 2.6.95; Rko in: *Stuttgarter Zeitung*, 26.10.95; *Kölner Stadt-Anzeiger*, 28.10.95; Marlene Köhler in: *Abendzeitung*, 31.10.95.

Nur aus Liebe (1996)
Regie/Buch/Schnitt: Denis Satin; Kamera: Jörg Widmer; Musik: Brynmor Jones; Produktion: Vasna Jovanoska für Ena Film/Warner Brothers.
Darsteller: *Katja Riemann* (Ella), Hannes Jaenicke (Aleksej), Heinz Hoenig (Jewgenij), Daniela Lunkewitz, Christoph M. Orth (Andi), Ingo Naujoks (Fendel).
Kinostart: 18.4.96
INHALT: Cäsium wird von Rußland in den Irak geschmuggelt, die Russenmafia ist am Werk. Da gibt es den bitterbösen russischen Gangster Jewgenij (Heinz Hoenig), und da gibt es den reuigen Bruder Aleksej (Hannes Jaenicke), der sich gerne mit den Millionen des Bruders absetzen würde, der in Deutschland neu anfangen will. Genau im richtigen Moment trifft Aleksej die Taxifahrerin Ella *(Katja Riemann)*. Ella hat finanziell einige Probleme, aber sie ist eine Frau, der man nichts vormachen kann. Sie nimmt ihr Leben in die Hand, macht verschiedene Jobs, um sich finanziell über Wasser zu halten, und gibt die Hoffnung niemals auf, doch noch eines Tages eigene Möbel zu bauen. Er bietet ihr eine geschäftliche Heirat an: Sie wäre ihre finanziellen Sorgen los, und er hätte eine Aufenthaltsgenehmigung. Aber mit diesem Heiratsvorschlag fangen die Sorgen erst an, und auf einmal findet sich Ella in einem Krimi wieder, von dem sie in ihrem Leben nicht geträumt hätte …

Katja Riemann, Heinz Hoenig (im Rollstuhl) und die anderen während der Dreharbeiten zu ›Nur aus Liebe‹

ZUM FILM: »Mit *Peanuts* und *Nur aus Liebe* kommen zwei Filme in die Kinos, die endlich einmal aktuelle deutsche Zustände aufgreifen – und schon ist man geneigt, über ihre Schwächen hinwegzusehen. Beide Filme scheitern zwar letztlich – hauptsächlich durch ihre unausgegorenen Drehbücher und eine uninspirierte Regie – an ihrem Anspruch, eine Gesellschaftssatire bzw. eine Actionkomödie zu sein. Aber das Scheitern wird nicht zum Ärgernis, läßt auf die weiteren Arbeiten der jungen Regisseure hoffen. *Nur aus Liebe* ist für einen deutschen Film sogar erstaunlich unterhaltsam. Daß man dies immer noch betonen muß, zeigt, daß er eigentlich hätte besser ausfallen können und müssen, wenn unsere Filmlandschaft intakt wäre.« (Rolf Hamacher in: *Filmdienst* 8/96)

Bandits (1997)
Regie: Katja von Garnier; Buch: Uwe Wilhelm, Ben Taylor; Kamera: Torsten Breuer; Schnitt: Hans Funck; Musik: Udo Arndt, Peter Weihe und die Bandits.
Darsteller: *Katja Riemann* (Emma Moor), Jasmin Tabatabai (Luna), Nicolette Krebitz (Angel), Jutta Hoffmann (Marie), Hannes Jaenicke (Schwarz), Andrea Sawatzki (Ludwig).
INHALT: »Emma *(Katja Riemann)* hat ihren gewalttätigen Lover ermordet. Luna (Jasmin Tabatabai) ist eine Bankräuberin, Angel (Nicolette Krebitz) eine Heiratsschwindlerin und Marie (Jutta Hoffmann), die Älteste, eine Giftmischerin, die selbst dem Tod näher ist als dem Leben. Die vier ungleichen Frauen haben eins gemeinsam: Sie sitzen ihre Haftstrafen in einem geradezu untypisch unmenschlichen Gefängnis ab. Die Liebe zur Musik bringt sie zusammen. Ihre Rock-Band ›Bandits‹ soll beim diesjährigen Polizeiball spielen; auf dem Weg dorthin ergibt sich eine Gelegenheit zur Flucht. Dabei vermarktet das Quartett gleichzeitig tollkühn seinen jungen Ruhm als Pop-Stars der Neunziger, tritt im Fernsehen auf, begeistert die Fans mit improvisierten Konzerten – und legt damit selbst die Spur zur Verfolgung, die der Polizeikommissar (Hannes Jaenicke) mit gerdezu sadistischer Unerbittlichkeit betreibt.« (Barbro Schuchardt in: *Kölnische Rundschau*, 5.7.97)
ZUM FILM: »Die ›Bandits‹ werden schließlich berühmt. Und tatsächlich sind ihre Lieder nicht schlecht, und die Musikeinlagen des Films machen Spaß, weil sie so fröhlich professionell präsentiert werden. Ein Vergnügen sind auch die Schauspielerinnen, vor allem Jutta Hoffmann und Jasmin Tabatabai, aber auch Katja Riemann und Nicolette Krebitz, die den Figuren Wärme, Witz und Leben geben. Dennoch ist *Bandits* kein üblicher Kinofilm, eher ein überlanger Videoclip, in dem die Erzählung nur noch als notdürftiges Gerüst dient. Gespiegelt werden in diesem Film die Fernseh- und Kinoerfah-

rungen der Zuschauer, eine hermetische Welt, die keine Ausblicke gestattet. Waren schon die deutschen Komödien geschickt getarnte Wirklichkeitsfluchten, ist nun die Abschottung perfekt: Authentische Erfahrungen scheinen unerreichbar geworden. Daß auch in dieser Spaßwelt Handlungen Konsequenzen haben, scheint die Macher von *Bandits* am Ende ebenso zu überraschen wie ihre Protagonistinnen.« (Martina Knoben in: *epd Film* 7/97)

»Komik, Groteske und Fantasy drängen die Realität zurück; dazu paßt auch die Videoclip-Montage. Man spürt dabei den Spaß, den die Schauspielerinnen hatten, und wenn Katja Riemann erzählt, daß die Notwendigkeit, Schlagzeug zu lernen, für sie ein neues Lebensgefühl erbrachte, ist das durchaus schlüssig. Katja von Garnier benutzt vieles als Anregung, etwa die Musikfilme von Ken Russell oder Jacques Demy. Daß sie nicht deren Kunstfertigkeit und Perfektion hat, hindert

Katja Riemann auf dem Weg nach oben

nicht daran, daß die Bandits den Alltag des jungen deutschen Kinos erfrischen.« (Heiko R. Blum in: *Rheinische Post*, 4.7.97) KRITIKEN: Susanna Nieder in: *Der Tagesspiegel*, 4.7.97; Barbro Schuchardt in: *Kölnische Rundschau*, 5.7.97; Tobias Kniebe in: *Süddeutsche Zeitung*, 28./29.6.97; *Kölner Stadt-Anzeiger*, 5./6.7.97; Ponkie in: *Abendzeitung*, 10.7.97.

Die Apothekerin (1997)
Regie: Rainer Kaufmann; Buch: Katrin Richter, Ralf Hertwig, nach dem Roman von Ingrid Noll; Kamera: Klaus Eichhammer (Cinemascope).
Darsteller: *Katja Riemann* (Hella), Jürgen Vogel (Levin Graber), Richy Müller (Dieter Krosmansky), Dagmar Manzel (Dorit Meissen), Isabella Parkinson (Margot Krosmansky), August Zirner (Pawel Siebert).
INHALT/ZUM FILM: »Ein Film, dessen erster Satz ›Ich liebe Menschen, denen es schlechtgeht‹ heißt, kann nicht wirklich schlecht sein. Das Problem der *Apothekerin* ist freilich, daß der Film nicht so gut ist, wie er sein müßte. Es beginnt vielversprechend, mit einer satirischen Rückblende auf *Katja Riemann*s geplagte Kindheit (na gut, es ist die Kindheit ihrer Filmfigur Hella), in der sie durch ihren vegetarischen Vater zur fleischlichen Sünde verführt wird; und dann betritt Jürgen Vogel die Szene, wobei die lückenhaften Zahnreihen diesmal weniger ins Auge fallen als die neckische Denkerbrille, die ihm Glaubwürdigkeit als Zahnklempner verleiht. Er treibt Katja Riemann in ein Sportcabrio, und schon fliegt der Film davon in ein Reich, das das deutsche Kino nicht gut kennt: das der giftigen Komödie, mit Mord, Komplott und rabenschwarzem Humor. Levin hofft, seinen Großvater bald beerben zu können, und als der sich ein bißchen zu resistent zeigt, hilft der Frauenliebhaber mit der Hausapotheke seiner neuen Freundin etwas nach. Doch auch danach steht dem monetären Glück etwas im Weg, zum Beispiel der wortkarge Dieter (Richy Müller) und dessen skrupellose Ehefrau Margot. Langsam begreift man, daß hier jeder finstere Geheimnisse und Hintergedanken hat. Das wiederum wird nach einer Filmstunde zum Problem: Die Geheimnisse sind banal, und auch in schwarzen Komödien muß es Sympathieträger geben.

Gruppenbild mit Brautpaar: Hella und Levin haben geheiratet! Mit Katja Riemann, Jürgen Vogel, Isabella Parkinson u.a.

Dazu taugt Hella immer weniger, weil sie sich nicht entscheiden kann, ob sie für ihr Glück über Leichen gehen soll oder nicht. Sie tut es, aber da ist der Spaß längst zu Ende.« (Milan Pavlovic in: *Kölner Stadt-Anzeiger*, 4.10.97)

»Es war wohl nur eine Frage der Zeit, bis ›Deutschlands erfolgreichste Kriminal-Autorin‹ als Stofflieferantin fürs Kino entdeckt wurde. Ingrid Noll, die 55jährig ihren ersten Roman *(Der Hahn ist tot)* veröffentlichte, feierte 1994 mit dem Bestseller *Die Apothekerin* ihren bislang größten Erfolg und wurde bereits als die deutsche Antwort auf Patricia Highsmith gefeiert. Allein diese Popularität dürfte auch der Verfilmung das Interesse sichern – auch wenn der Film vor allem die

Schwächen der literarischen Vorlage plastisch vor Augen führt und sie sich fatalerweise zu eigen macht: einer Vielzahl bestechender Detailbeobachtungen steht der eklatante Mangel eines tragfähigen erzählerischen Netzes gegenüber, so daß man vergeblich nach einem anhaltenden Spannungsbogen sucht und die Aufmerksamkeit zunehmend erlahmt.« (Horst Peter Koll in: *Filmdienst* 19/97)
KRITIKEN: HRB in: *Rheinische Post*, 4.10.97; Silvia Hallensleben in: *Der Tagesspiegel*, 2./3.10.97; Hartmut Wilmes in: *Kölnische Rundschau*, 4.10.97; Thomas Klingenmaier in: *Stuttgarter Zeitung*, 2.10.97; Kirsten von Hagen in: *epd Film* 10/97; Bodo Fründt in: *Süddeutsche Zeitung*, 2.10.97; Ponkie in: *Abendzeitung*, 2./3.10.97.

Comedian Harmonists (1997)
Regie: Joseph Vilsmaier; Buch: Jürgen Egger; Kamera: Joseph Vilsmaier, Peter von Aller, Jürg Widmer; Schnitt: Alexander Berner.
Darsteller: Kai Wiesinger (Erwin Bootz), Ulrich Noethen (Harry Frommermann), Ben Becker (Robert Biberti), Heinrich Schafmeister (Erich A. Collin), Heino Ferch (Roman Cycowski), Max Tidof (Ari Leschnikoff), Meret Becker (Erna Eggstein), *Katja Riemann* (Mary Cycowski), Dana Vávrová (Ursula Bootz), Otto Sander (Bruno Levy), Eric Charell (Günter Lamprecht), Rolf Hoppe (Gauleiter Steicher).
Kinostart: 25.12.97.
INHALT: Regisseur Joseph Vilsmaier zeichnet in diesem Film die Entstehungsgeschichte und den rasanten Aufstieg der sechs Musiker nach, deren Musik innerhalb kürzester Zeit Weltruhm erlangte. In den dreißiger Jahren waren die Comedian Harmonists das erfolgreichste Gesangsensemble neben den Don-Kosaken. 1927 vom Berliner Harry Frommermann via Anzeige zusammengestellt, wurden sie durch Titel wie VERONIKA, DER LENZ IST DA und WOCHENEND UND SONNENSCHEIN berühmt. Ihr neuer Ton, ihr eigenwilliger Stil – eine Mischung aus populären Klängen, raffinierter Interpretation und perfekter Musikalität – waren Ausdruck eines Zeitgeistes und führten dazu, daß sie noch ein Begriff geblieben sind, als die Gruppe längst in alle Winde verstreut war. Angefangen

hat alles mit einer Idee von Frommermann (Ulrich Noethen): Er will eine A-cappella-Formation nach dem Vorbild der amerikanischen Revellers gründen.

Gezeigt wird die harte Anfangszeit, die nur durch Proben geprägt ist, dann kommt der ersehnte Durchbruch. Es folgt eine kurze Zeit der Euphorie und des Glücks, auch des privaten, es wird geheiratet, und es wird geliebt. Allerdings wird auch gestritten, weil sich zwei Band-Mitglieder, Harry Frommermann und Robert Biberti (Ben Becker), in dieselbe Frau, Erna (Meret Becker), verlieben. Aber private Unstimmigkeiten sind es nicht, die den Erfolg der Comedians aufhalten können:

Mit dem Aufstieg der Nationalsozialisten kommen die ersten Probleme. Drei Mitglieder der Band sind jüdisch, aber nicht nur das: Fast das gesamte Repertoire an Liedern ist von jüdischen Komponisten und Textern. Zunächst raten die braunen Machthaber, andere Lieder zu singen, aber bald schon wird die Gruppe verboten. Die Comedian Harmonists geben ein Abschiedskonzert, und hier findet eine schöne Mischung zwischen dem privaten und dem beruflichen Schicksal statt, und es ist gleichzeitig eine der emotionalsten Szenen im ganzen Film: Für Erna hat dieses Lied eine sehr persönliche Bedeutung, weil es ihr gemeinsames Lied mit Harry Frommermann ist, und sie bricht während der Aufführung in Tränen aus. Ihre Tränen sind zugleich Ausdruck des persönlichen Schmerzes und Ausdruck der Trauer über das Aus für die Comedian Harmonists.

ZUM FILM: »Die Illusion, den Comedian Harmonists leibhaftig bei ihrem beschwingten Tun zuzusehen, aber machen die sechs Hauptdarsteller (Ben Becker, Heino Ferch, Ulrich Noethen, Heinrich Schafmeister, Max Tidof, Kai Wiesinger) vollkommen, die kaum weniger lange geübt haben müssen, als die Originale brauchten, ihren Ton zu finden und zu bewahren. Schon bei *Schlafes Bruder* benötigte Vilsmaier Magier auf der Tonspur. Bei seinen *Comedian Harmonists* ist die Magie, nachgesungenes Material und Originaltitel, die nur das geübteste Ohr auseinanderhalten kann, zu einer Einheit zu verschmelzen, das reine, den Zuschauer als Zuhörer bezwingende Glück.« (Hans Dieter Seidel in: *FAZ*, 23.12.97)

»Der Regisseur und seine Autoren haben für die innere Harmonie des Films freilich einen hohen Preis gezahlt: Sie harmonisieren auch die Geschichte. Am heftigsten entzweit der Antisemitismus der Nazis die Comedian Harmonists in der Ferne: als die jüdischen Mitglieder in Amerika vor der Frage stehen, ob sie in den USA bleiben oder nach Deutschland zurückkehren sollen. Ansonsten wird vor allem um Frauen gestritten. (...) Man hätte die Story der Comedian Harmonists weiter verfolgen können, als Vilsmaier es wagt. Sie wäre dann immer trauriger, unübersichtlicher und auch unmenschlicher geworden. Auf solche Enttäuschungen zu verzichten, ist das gute Recht eines Spielfilms. Es geht nicht um die historische Stimmigkeit eines jeden Details. Und den Dokumentarfilm über die Comedian Harmonists hat Eberhard Fechner schon 1975/76 gedreht. Der ist dann auch um einiges bitterer als Vilsmaiers Balanceakt zwischen Fakten und Fiktion. (H. G. Pflaum in: *Süddeutsche Zeitung*, 16.12.97)

KRITIKEN: Heike Kühn in: *Frankfurter Rundschau*, Weihnachten 97; Joachim Kronsbein in: *Der Spiegel* 52/97; wobo in: *Filmecho* 48/97; Thomas Klingenmeier in: *Stuttgarter Zeitung*, Weihnachten 97; Birgit Eckes in: *Rheinische Post*, 24.12.97; Ponkie in: *Abendzeitung*, Weihnachten 97; Sonja Toepfer in: *Kinofenster* 12/97; HRB in: *Rheinische Post*, 27.12.97, Hellmuth Karasek in: *Der Tagesspiegel*, Weihnachten 97.

Fernsehen

Sommer in Lesmona (1988)
Regie: Peter Beauvais; Buch: Reinhard Baumgart, nach dem Roman von Marga Berck (Magdalene Pauli); Kamera: Rolf Romberg; Schnitt: Ingeborg Forth; Musik: Herbert Grönemeyer.
Darsteller: *Katja Riemann* (Marga Lürmann), Benedict Freitag, Alexander Radszun, Thomas Naumann, Kurt A. Jung, Richard Münch, Liselotte Arnold, Gila von Weitershausen, Reinhard Baumgart, Siemen Rühaak, Dirk Dautzenbach, Katrin Schaake.
INHALT: »Marga *(Katja Riemann),* die Tochter angesehener Bremer Kaufleute, ist mit ihren siebzehn, achtzehn Jahren in

jenem Alter, das man das heiratsfähige nennt. Und weil sie ein herrlich frisches Wesen hat und mit ihrer unverschämt frechen Stupsnase reizend ist, mangelt es nicht an Verehrern. Marga spielt auch gerne mit dem Feuer, doch versengt wurde sie bisher noch nie. Ein Sommer auf Lesmona, dem Gut des Onkels, fern aller gesellschaftlichen Verführungen, soll ihr Mütchen kühlen. Doch ausgerechnet dort erwischt sie die Liebe. Der Vetter Percy aus der englischen Linie, der so ansteckend unbekümmert sein kann, wenn er am Klavier sitzt oder mit der Kusine durch die Wiesen tollt, weckt in ihr den Aufruhr der Gefühle. Nur daß Percy fatalerweise in ungeklärten finanziellen Verhältnissen lebt. Daß dem Leichtfuß und der Flatterhaften nicht in den Sinn kommt, auf welch wackligen Beinen ihr Versprechen steht, fünf Jahre aufeinander warten zu wollen.

Ähnlich wie den Buddenbrooks droht nämlich auch den Konsuls aus Bremen der Niedergang: die karibischen Geschäfte gehen nicht mehr so gut wie einst. Um so entscheidender, daß die einzige Tochter eine gute Partie macht. Wie Marga von der Liebe überwältigt wurde, eher zaghaft unentschlossen bei allem nach außen ungestümen Wesen, so schickt sie sich brav und ergeben in die Konvention: eine Heirat, die sie sich niemals träumen ließ.« (Hans Dieter Seidel in: *FAZ*, 16.9.88)

ZUM FILM: »Hinter dem Pseudonym der Autorin Marga Beck verbirgt sich die hanseatische Kaufmannstochter Magdalene Pauli, die 1875 in Bremen geboren wurde und hochbetagt 1970 in Hamburg starb. Ihre Briefe waren 44 Jahre lang in einem Päckchen verschnürt, ehe sie sich zur Sichtung und schließlich zur Veröffentlichung entschloß. Sie sind ein kulturgeschichtliches Dokument aus der Entwicklungsgeschichte des deutschen Bürgertums, gerühmt von der Kritik und von Thomas Mann ›an mehreren Abenden mit zunehmender Rührung‹ gelesen. Baumgart und Beauvais hatten es geschafft, den poetischen persönlichen Charakter dieser Vorlage unangetastet zu lassen und die Herzensergüsse der achtzehnjährigen Bremerin als Gesellschaftsporträt der Jahrhundertwende behutsam ins Bild zu setzen.« (K.W. in *Kölner Stadt-Anzeiger*, 17.4.93)

KRITIKEN: Gerd Bucerius in: *Die Zeit*, 25.9.87; HW in: *Ex-*

press, 15.9.88; Ekkehard Skoruppa in: *Kölner Stadt-Anzeiger*, 16.9.88; KW in: *Kölner Stadt-Anzeiger*, 14.9.88; KW in: *Kölner Stadt-Anzeiger*, 14.5.91; KW in: *Kölner Stadt-Anzeiger*, 17.4.93.

Katjas Schweigen (1989)
Regie: Hans Noever; Buch: Uwe Erichsen; Kamera: Kurt Lorenz; Musik: Tony Carey.
Darsteller: Götz George (Schimanski), Eberhard Feik (Thanner), Chiem van Houweninge (Hännschen), *Katja Riemann* (Katja), Ulrich Pleitgen (Bewährungshelfer), Gerhard Olschewski.
Inhalt: Schimanski (Götz George) in seinem Element. Auf Kurs gegen die Ungerechtigkeit des Polizeiapparates, trainiert er eine Gruppe von ehemals straffällig gewordenen Jugendlichen beim Football. Die Kollegen Thanner und Hännschen freunden sich derweil mit dem Chef an, der bietet nämlich gerade großzügig das Du an. Aber dann wird ein Polizist

Schimanski hat schlechte Nachrichten: Katjas Bruder Tommy wurde erschossen. Götz George und Katja Riemann in dem Tatort »Katjas Schweigen«

ermordet, und zwei von Schimanskis Jungen werden verdächtigt. Bei einem Polizeieinsatz wird einer der beiden, Thommy, ermordet, und ausgerechnet Thanner steht unter Verdacht, ihn erschossen zu haben. Schimanski glaubt weder an die Schuld von Thommy noch daß Thanner irgend etwas mit Thommys Tod zu tun hat. Er denkt, daß Katja etwas wissen könnte, die Schwester von Thommy. Er versucht mit ihr zu sprechen, aber nur sehr langsam gelingt es ihm, Katjas Schweigen zu durchbrechen.

Regina auf den Stufen (1989/90)
Regie: Bernd Fischerauer; Buch: Barbara Piazza, nach dem Roman von Utta Danella; Kamera: Reginald Naumann; Schnitt: Dorothee A. Maass; Musik: Michael Rüggeberg.
Darsteller: *Katja Riemann* (Regina), Serge Avedikian (Janos), Mark Kuhn (Martin), Karin Kienzer (Gaby), Jan Biczycki (Brunnhuber), Roswitha Schreiner (Stups), Erich Hallhuber (Paul), Jeanne Manson (Henriette), Rita Russek (Lore).
Fernsehserie, 10 Folgen.
INHALT: Silvester 1956 ist Regina gerade aus Dresden nach München gekommen. Sie hofft darauf, ein neues Leben anzufangen. Mit der Hilfe von Janos, einem begnadeten Fotografen, macht sie als Model Karriere, und bald schon verbindet die beiden eine leidenschaftliche Liebesbeziehung.
Regina aber genügt es nicht, eines der meistbegehrten Models zu sein, sie möchte die Fotografie erlernen und beginnt ein Studium. Die Beziehung zu Janos fällt der politisch veränderten Situation zum Opfer: Seine Frau kommt aus der Tschechoslowakei nach München, Regina wirft sich in die Arme eines typischen Aufsteigers der Nachkriegszeit. Doch bevor sie im Sumpf des bürgerlich abhängigen Lebens versinkt, entscheidet sie sich für ihre Unabhängigkeit.
ZUM FILM: »Katja Riemanns sympathische Darstellung einer zunächst scheuen, orientierungslosen Frau läßt ahnen, welches Talent in ihr steckt, in dieser Folge aber noch nicht abverlangt wurde. Mark Kuhn spielt den Spätheimkehrer ähnlich zurückhaltend. Die zwei Außenseiter finden sich in einer Bar, freunden sich an und machen sich Mut. Danach bemerkt

man zum ersten Mal einen Ausdruck von Hoffnung, sogar ein Lachen auf ihren Gesichtern. In der letzten Szene betrachtet Regina eine Rose und einen Korken, für sie Symbole der Menschlichkeit, die ihr widerfuhr. Verhalten optimistisch endete der Start der Verfilmung eines Romans von Utta Danella und weckt Erwartungen auf neun weitere interessante Folgen.« (Reinhard Meyer in: *Rheinische Post*, 9.1.92)

»Wenn es einfach nur schlecht wäre – kein Grund, sich aufzuregen. Bitter schmeckt die neue Serienpille allerdings vor dem Hintergrund, denn der schale Stoff aus den 50ern ist auf fatale Weise aktuell. Schließlich zeigt Regina, die binnen zehn Folgen als Fotografin und Modell Karriere macht, wie man es auch als Habenichts aus dem Osten zu was bringt: Schön tüchtig und vor allem hübsch brav sein.« (Norbert Hummelt in: *Kölner Stadt-Anzeiger*, 9.1.92)

KRITIKEN: N.H. in: *Kölner Stadt-Anzeiger*, 7.1.92; *Rheinische Post*, 7.1.92.

Von Gewalt keine Rede (1992)

Regie: Theodor Kotulla; Buch: Leonie Ossowski; Kamera: Eugen Werdin.

Darsteller: *Katja Riemann* (Nele), Heiner Lauterbach, Peter Sattmann, Lisa Kreuzer, Despina Pajanou, August Zirner (Frank Götz).

INHALT: Nele *(Katja Riemann)* und Max (Heiner Lauterbach) und der gemeinsame Sohn bilden das, was man von außen gesehen eine glückliche Familie nennen könnte: Er arbeitet als Jurist, sie kümmert sich um den Sohn. Aber abends ist er ein wunderbarer Papi, der mit dem Sohn rumtollt und sich charmant gegenüber seiner Frau verhält. Nur als Nele wieder arbeiten möchte, stellt er sich dagegen. Ohne sein Wissen bewirbt sie sich dennoch auf eine Anzeige. Die Bewerbung wird zum Alptraum: Der neue Chef (Peter Sattmann) vergewaltigt sie in seiner Wohnung. Nele erleidet einen Schock, sie kann zunächst mit niemandem sprechen, nur ihrer Freundin vertraut sie sich an. Sie erleidet das Schicksal, das sie mit so vielen Opfern teilt: Sie fühlt sich schuldig, schämt sich, sucht nach dem eigenen Fehlverhalten. Erst als sie ihrem Vergewaltiger erneut gegenübersteht, entwickelt sie den Willen, sich zu

Szene aus ›Regina auf den Stufen‹ mit Calvin Burke, Renate Muhri, Anthony Langford sen., Katja Riemann, Anthony Langford jun.

wehren. Auch ihr Mann ist inzwischen informiert, doch der ist ihr keine wirkliche Hilfe.

Andere Umstände – Drei Männer und ein Baby (1993)
Regie: Bettina Woernle; Buch: Christoph Gottwald; Kamera: Thomas Erhart; Musik: Piet Klocke.
Darsteller: *Katja Riemann* (Sabine), Rainer Grenkowitz (Oliver), Barbara May (Ilona), Hannes Jaenicke (Rüdiger), Petra Zieser (Gisela), Alexander Hauff (Bernd), Kyra Mladeck (Frau Gerau), Brigitte Janner (Frau Möllering).

INHALT: Sabine *(Katja Riemann)* hat gerade mit ihrer Freundin eine Segelschule aufgemacht, als sie erfährt, daß sie schwanger ist. Sie hätte sogar den passenden Partner, das Problem ist nur: Sie ist sich nicht sicher, daß er der glückliche Vater ist. Da kommt nämlich noch ihr Ex in Frage, mit dem sie noch mal ein Techtelmechtel verbunden hat. Außerdem gibt es da noch Rüdiger. Der ist zwar eigentlich der Freund ihrer Freundin, aber da war diese eine Nacht, in der Sabine und er einmal zusammen waren. Auf unterschiedliche Art und Weise bereiten sich die vermeintlichen Väter auf ihre zukünftige Rolle vor. Rüdiger hat zunächst wenig Lust auf Streß und Alimente, doch im Laufe der Zeit wächst sein Interesse. Bernd begibt sich als Künstler in die Embryonalphase, bereitet das neue Familiendasein wirtschaftlich vor und steht Sabine zur Seite.

Die läßt sich von dem ganzen Trubel um sie herum nicht beirren, konsequent zieht sie ihre Schwangerschaft durch, freut sich, hat schwache Momente, ist ausgelassen oder zurückgezogen. Egal, was mit den Vätern wird, sie wird ihr Baby bekommen ...

Blue Dream – Tod im Regen (1993)
Regie: Bodo Fürneisen; Buch: André Hennicke, Bodo Fürneisen, Tom Wittgen; Kamera: Peter Ziesche.
Darsteller: *Katja Riemann* (Rita), Katrin Saß (Hauptkommissarin Tanja Voigt), Dirk Schoeden (Kommissar Jens Hoffmann), Susanne von Borsody (Natalie), Peter Wilczynski (Andreas), Gerd Preusche (Willi Haller), Swetlana Schönfeld (Vera Welz), Gudrun Ritter (Hannelore Haller), Hans-Jürgen Hürrig (Guido Welz).
INHALT: Zwei Mädchen, die in einer heruntergekommenen Ostkneipe kellnern, träumen von einem neuen Leben. Um wegzukommen, entwickelt Natalie einen Plan: Sie will den Besitzer der Kneipe erpressen. Gemeinsam mit seiner Frau und einem Offizier macht der nämlich Geschäfte mit Waffen aus ehemaligen NVA-Beständen. Rita hat allerdings ein Problem, sie ist verheiratet, ihr Mann ist arbeitslos und hängt seit einiger Zeit ziemlich durch. Nach langem Zögern hat sie sich nun entschlossen, ihn zu verlassen, um fortzugehen. Er ist vor

Eifersucht ganz außer sich. Als die Freundin ermordet wird, kehrt Rita zu ihm zurück, er will alles ändern, ihre Ehe retten. Doch was so harmonisch anfängt, wird zum tödlichen Desaster.

ZUM FILM: »Auch sonst hat dieser Krimi eine interessante Geschichte: *Blue Dream – Tod im Regen* ist nämlich nicht irgendein *Polizeiruf 110*. Es ist die erste Koproduktion zwischen dem Ostdeutschen Rundfunk Brandenburg (ORB) und dem Sender Freies Berlin (SFB) und zugleich das Gegenstück des Ostens zur ARD-Tatort-Reihe. Ursprünglich wollte sich ja der ORB am Tatort beteiligen, doch bevor noch die erste Folge ausgestrahlt war, hatte es sich der ORB anders überlegt und wollte den West-Tatorten mit der fast schon legendären DDR-Krimiserie etwas Eigenes entgegensetzen.« (Thomas Schuler in: *Süddeutsche Zeitung*, 16.10.93)

Deutschlandlied (1994)
Regie: Tom Toelle; Buch: Peter Märtesheimer, Pia Fröhlich, Tom Toelle; Kamera: Ingo Hamer; Schnitt: Margret Borsche; Musik: Nikolaus Glowna.
Darsteller: Ulli Philipp, Matthias Habich, *Katja Riemann* (Lisa), Heino Ferch, Susanne von Borsody, Mathias Gnädinger, Peter Ehrlich, Francis Fulton-Smith, András Balint, Jan Byczycki, Irm Hermann, Annette Kreft, Marita Breuer.
INHALT: Die letzten Kriegstage in Deutschland, Brückensprengungen, Nachkriegszeit, amerikanische Besatzung, Schwarzmarkt – eine Zeitchronik anhand des Schicksals einer Familie.

Das gläserne Haus (1994)
Regie: Rainer Bär, nach einer Idee von Michaela Bach und Jörg Schade; Kamera: Rolf Liccini; Schnitt: Susanne Carpentier; Musik: Axel Donner; Ton: Frieder Glöckner; Mischton: Klaus Wendt; Redaktion: Karl Heinz Staamann.
Darsteller: *Katja Riemann*, Hansa Czypionka, Vadim Glowna, Peter Sattmann, Ute Willing, Heiko Senst, Gunther Schoss, Florian Martens, Petra Hinze.
INHALT: In diesem Psychothriller ziehen eine Frau und ein Mann in ein neues Haus ein, ein Haus, das rundherum mit

Glas umgeben ist. Sie wünschen sich ein Baby und wollen eine Familie gründen, alles wirkt wie ein erster Schritt zum Glück.

Doch schon am ersten Tag bekommt die Frau Drohanrufe, ihr Mann ist Ausländer; die unverschämten Anrufe häufen sich in den nächsten Wochen. Sie ist vollkommen durcheinander, erzählt aber ihrem Mann nichts, sondern bleibt mit ihrer Angst alleine. Immer wieder ist da das Klingeln des Telefons, merkwürdige Geräusche, Personen, die ihr im eigenen Garten auflauern. Das Ganze spitzt sich immer mehr zu, wird zum regelrechten Psychothriller. Die Drohungen werden immer massiver, der Schrecken größer, und niemand glaubt ihr, auch ihr Mann nicht.

Himmel und Hölle (1994)
Regie/Buch: Hans-Christian Schmid; Kamera: Peter Aichholzer; Schnitt: Jacqueline von Brück; Musik: Norbert Jürgen Schneider.
Darsteller: *Katja Riemann* (Mutter), Hannelore Hoger (Frau Singer), Wolfgang Hinze (Pfarrer Drexler), Aline Metzner (Nina), Shirli Volk (Miriam), Michael von Au (Frank), Cora Lutz (Julia).
INHALT: Eine junge Mutter *(Katja Riemann)* zieht mit ihrer Tochter Nina auf das bayerische Land, weil sie in München keine Arbeit bekommen konnte. Ihre Tochter fühlt sich sehr alleine, das ganze Leben ist so unbekannt: neue Orte, neue Menschen, neue Freunde. Sie gerät in die Hände einer sektiererischen Religionsgemeinschaft. Getarnt unter dem Deckmantel einer Pfadfindergruppe werden Jugendliche hier für den religiösen Wahn einiger Erwachsener mißbraucht. Als die Mutter versteht, was ihrer Tochter da widerfährt, beginnt ein Kampf um die ›Seele‹ der Jugendlichen: Tochter Nina ist schon so gefangen in den Ideen von Moral und Sünde, daß es schwer ist, sie wieder zu erreichen.

Angst hat eine kalte Hand (1996)
Regie: Matti Geschonneck; Buch: Rainer Berg, nach einer Idee von Beate Langmaack; Kamera: Rudolf Blahacek; Schnitt: Heidi Handorf; Musik: Irmin Schmidt.

Darsteller: *Katja Riemann* (Kommissarin Kim Osswald), Cornelia Froboess (Hedi Zoll), Udo Samel (Hundetrainer), Monika Bleibtreu, Sven-Eric Bechteof, Edgar Bessen, Rüdiger Kuhlbrodt, Edgar Garbers, Peter Sattmann (Kims Freund).

INHALT: Die fünfzigjährige Krankenschwester Hedi Zoll (Cornelia Froboess) ist entführt worden. Als sie vollkommen verwahrlost wieder auftaucht, wird sie bei der Polizei mit viel Mißtrauen behandelt. Nur die Kommissarin Kim Osswald *(Katja Riemann)* fängt nach anfänglichen Zweifeln an, ihr zu glauben. Behutsam wird ein Psychogramm der beiden Frauen entwickelt: Kim ist ehrgeizig, eine Einzelgängerin, ihr Freund hat sie gerade verlassen, und nun führt sie ihren ganz eigenen Kampf. Hedi ist eine Außenseiterin, sie wirkt einsam, verletzt, hat Angst, aber Angst, die sie in den wesentlichen Momenten nicht zeigt. Zwischen den Frauen erfolgt eine allmähliche Annäherung, und gemeinsam lösen sie den Fall.

ZUM FILM: »Behutsam entfaltet sich das Grauen, das diese Menschen beherrscht. Geschonneck verzichtet auf Blut, Schreie und sichtbare Gewalt; das Bestialische, die Angst findet im Kopf des Zuschauers statt; die Bilder (Kamera: Rudolf Blahacek) wirken als Auslöser. Dabei geht es dem Regisseur diesmal freilich nicht um ein weiteres Mörderporträt zwischen *Natural Born Killers* und Karmakars *Totmacher*. Er verweigert sich der Komplizenschaft mit seinem Mörder; nimmt statt dessen die Sicht des Opfers ein – und die einer dritten Person, die ihn am Ende zu Fall bringen wird: Kim Osswald *(Katja Riemann)*, Kommissarin. So wird dieser Thriller – dessen Idee auf dem authentischen Fall des Hamburger Säuremörders basiert (…) – zu einem leisen Kammerspiel zwischen drei Menschen, die nichts mehr zu verlieren haben. Cornelia Froboess, Udo Samel und Katja Riemann spielen großartig; gerade letztere dürfte sich damit vom Klischee der ewig fröhlichen Komödiantante verabschiedet haben.« (Frauke Döhring in: *Süddeutsche Zeitung*, 3.4.96)

Else – Die Geschichte einer leidenschaftlichen Frau (1998)
(Arbeitstitel)
Zweiteiliger Fernsehfilm

Regie/Drehbuch, nach einem Entwurf von Willie Purucker: Egon Günther, nach Roman »Du bist nicht wie andere Mütter« von Angelika Schrobsdorff*

Darsteller: *Katja Riemann* (Else), Rita Russek, Jürgen Holtz, Hajo von Stetten

Produktion: Telux-Film für Bayerischer Rundfunk/ARD

Drehbeginn: 3. März 1998 in München und Garmisch-Partenkirchen

* Angelika Schrobsdorff, geboren 1928 in Deutschland; 1939 als Halbjüdin nach Bulgarien geflohen, kehrt 1947 nach Deutschland zurück und emigriert 1983 nach Israel.

Katja Riemann (rechts) und Sunnyi Melles in Dieter Dorns Bühneninszenierung von Goethes »Faust I«

Theater

Phädra

Von Jean Racine; deutsch von Simone Werle.
Inszenierung: Alexander Lang; Bühnenbild/Kostüme: Volker Pfüller.
Darsteller: Thomas Holtzmann (Theseus, Sohn des Aigeus, König von Athen), Gisela Stein (Phädra, Gemahlin des Theseus, Tochter von Minos und Pasiphae), Manfred Zapatka (Hippolytos, Sohn des Theseus und der Amazonenkönigin Antiope), Sibylle Canonica (Arikia, Prinzessin aus der athenischen Königsdynastie), Franziska Walser (Önone, Phädras Vertraute), Lambert Hamel (Theramenes, Erzieher des Hippolytos), Ute Fiedler/*Katja Riemann* (Ismene, Vertraute Arikias), Ulrike Willenbacher (Panope, Frau aus Phädras Gefolge).
Münchner Kammerspiele; Premiere: 28.3.87.

Faust I.

Von Johann Wolfgang von Goethe.
Inszenierung: Dieter Dorn; Bühnenbild/Kostüme: Jürgen Rose; Musik: Roger Jannotta.
Darsteller: Peter Lühr (Zueignung/Dichter), Helmut Stange (Direktor/1. Bürger), Axel Milberg (Lustige Person/Wagner), Martin Flörchinger (Der Herr), Romuald Peckny (Mephistopheles), Helmut Brasch (Raphael), Hans Drahn, Otto Kurth (Chor der Engel), Martin Paintner (Erdgeist), Helmut Griem (Faust), Fred Klaus (2. Bürger), Mathias Hell (3. Bürger), Willy Berling (4. Bürger), Karl Renar (Bettler), Arnulf Schumacher (Soldat), Peter Herzog (Alter Bauer), Gabi Geist (Bäurin), Martin Gähler (Bauernkind), Michael Tregor (Schüler), Cornelia Froboess (Bürgerin), Judith Achternbusch, Sunnyi Melles, *Katja Riemann* (Bürgermädchen), Dunja Lock (Die Alte), Marcus Calvin, Wolfgang Mondon, Christian Schulz, Rainer Strecker (Schüler), Andrea Sawatzki, Jessica Theissen (Bürgerinnen), Bettina Kramer, Mona Perfler, Edda Petri, Anne Schieber (Dienstmädchen), Wolfgang Bauer, Torsten Bischof, Eberhard Brost, Udo Jüsten, Norbert Klingner, Josef

Marzan, Andreas Müller-Schiekofer, Josef Vossenkuhl, Harald von Wieckowski (Soldaten).
Münchner Kammerspiele; Premiere: 30.4.87.

Mann ist Mann. Die Verwandlung des Packers Galy Galy in den Militärbaracken von Kilkoa im Jahre neunzehnhundertfünfundzwanzig
Von Bertolt Brecht; Musik von Paul Dessau.
Inszenierung: Günther Gerstner; Bühnenbild/Kostüme: Marcel Keller; Musikalische Einrichtung: Roberto C. Détrée.
Darsteller: Gerd Silberbauer (Uria Shelley), Tobias Moretti (Jesse Mahoney), August Zirner (Polly Baker), Michael Tregor (Jeraiah Jip), Arnulf Schumacher (Charles Fairchild, genannt der blutige Fünfer, Sergeant), Wolfgang Pregler (Galy Galy, ein irischer Packer), Ute Fiedler/*Katja Riemann* (Galy Galys Frau), Fred Klaus (Herr Wang, Bonze einer tibetanischen Pagode), Mathias Hell (Mah Sing, sein Mesner), Ulrike Willensbacher (Leokadja Begbick, Kantinenbesitzerin), Christian Pade, Thorsten Krohn, Thomas Schmidt, Michael Schütz, Arndt von Tempelhoff (Soldaten), Axel Milberg (Stimme), Ronald Bankel, Roberto C. Détrée (Zwei Musiker).
Münchner Kammerspiele; Premiere: 21.11.87.

Frauen vor Flußlandschaft
Selbstgespräche und Dialoge von Heinrich Böll; Fassung für die Münchner Kammerspiele von Florian Hopf, Marion Kagerer, Volker Schlöndorff.
Inszenierung: Volker Schlöndorff; Bühnenbild/Kostüme: Jennifer Bartlett; Musik: Hans Werner Henze.
Darsteller: Doris Schade (Erika Wubler), Irene Clarin (Katharina Richter), Cornelia Froboess (Eva Kreyl-Pint), *Katja Riemann* (Lore Schmitz), Jennifer Minetti (Elisabeth Blaukrämer), Ulrike Willenbacher (Dr. Dumpler), Klaus Schwarzkopf (Hermann Wubler), Rudolf Wessely (Paul Chundt), Helmut Pick (Fritz Blaukrämer), Arnulf Schumacher (Halberkamm), Willy Berling (Schwamm), Otto Kurth (Heinrich von Kreyl), August Zirner (Karl von Kreyl), Edgar Selge (Ernst Grobsch), Michael Tregor (Eberhard Kolde), Martin Flörchinger (Krengel).
Münchner Kammerspiele; Premiere: 24.1.88.

Volker Schlöndorff bei einer Regiebesprechung mit August Zirner und Katja Riemann an den Münchner Kammerspielen: ›Frauen vor Fluß- landschaft‹

Besucher

Komödie von Botho Strauß.

Inszenierung: Dieter Dorn; Bühnenbild/Kostüme: Jürgen Rose. Darsteller: Axel Milberg (Maximilian Steinberg, Schauspieler), Heinz Bennent (Karl Joseph, Schauspieler/Fotograf), Cornelia Froboess (Edna Gruber, Schauspielerin), Sibylle Canonica (Lena, eine reiche junge Frau), Wolfgang Pregler (Volker, Regisseur), Jochen Striebeck (Pförtner/Mann mit Lautsprecherstab), Irene Clarin (Redakteurin/Garderoben- frau), *Katja Riemann* (Die Blinde/Fotomodell), Peter Herzog (Barmann/Wurfbudenmann), Michael von Au (Junger Mann/ Max-Double), Jens Daniel Herzog, Daniela Lukas (Paar im Foyer); nur als Stimmen: Ulrike Willenbacher (Frau des

Nachtpförtners/Frau des Stabmanns), Martin Flörchinger (Beleuchter), Heinrich Klemp (Inspizient).
Münchner Kammerspiele; Premiere: 6.10.88.

Sieben Türen
Bagatellen von Botho Strauß.
Inszenierung: Dieter Dorn; Bühnenbild/Kostüme: Jürgen Rose; Musik: Roger Jannotta.
Darsteller: Vorspruch: Maria Nicklisch; 1. Der Hausherr: Manfred Zapatka (Der Vorstandsvorsitzende), Peter Herzog (Der Mieter); 2. Heimkehr: Wolfgang Pregler (Der Regisseur), Cornelia Froboess (Die Frau), Manfred Zapatka (Der Mann); 3. Ein Versehen: Irene Clarin (Die Dame mit dem Mikrofon), Heinz Bennent (Der Mahner und Warner, Herr Gorschinski); 4. Im Autosalon: Wolfgang Pregler (Erster Mann), Axel Milberg (Zweiter Mann), Michael von Au (Junger Verkäufer); 5. Zuflucht: Jochen Striebeck (Der Mann), Cornelia Froboess (Die Frau), Peter Herzog (Der Strafgefangene); 6. Die Wächter: Manfred Zapatka (Leibwächter), Heinz Bennent (Parkwächter); 7. Der Bote: Wolfgang Pregler (Der Bote), Jochen Striebeck (Der Mann); 8. Hochzeitsabend: Cornelia Froboess (Sie), Manfred Zapatka (Er); 9. Der Selbstmörder und das Nichts: Heinz Bennent (Selbstmörder), Michael von Au (Das Nichts); 10. Idole: Manfred Zapatka (Der Mann), *Katja Riemann* (Das Mädchen), Michael von Au (Junger Mann); 11. Auf der langen Bank: Cornelia Froboess (Die Frau), Axel Milberg (Bruder Johann), Heinz Bennent (Bruder Ferdy), *Katja Riemann* (Das Mädchen), Michael von Au (Colombine), Irene Clarin (Interviewerin), Heli-Maria Lickint (Die Zufriedene), Jochen Striebeck (Kaiser Julian), Manfred Zapatka (Der Mann).
Münchner Kammerspiele – Werkraumtheater; Premiere: 16.12.88.

Die Räuber
Von Friedrich Schiller; Spielfassung von Alexander Lang nach der 1. Fassung von 1781 und der Mannheimer Fassung von 1782.
Inszenierung: Alexander Lang; Bühnenbild/Kostüme: Caroline Neven DuMont; Trommelkomposition: Jo Bauer.

Michael Maertens und Katja Riemann in Alexander Langs Inszenierung von ›Die Räuber‹ am Schillertheater Berlin.

Darsteller: Walter Schmidinger (Maximilian, regierender Graf von Moor), Jürgen Elbers (Karl Moor), Michael Maertens (Franz Moor), *Katja Riemann* (Amalia von Edelreich), Wolfgang Pregler (Spiegelberg), Peter Ebert (Schweizer), Heino Ferch (Grimm), Andrej Diamantstein (Razmann), Sebastian Koch (Roller), Iwan Gallardo (Kosinsky), Martin Olbertz (Schwarz), Thomas Wolff (Hermann, Bastard von einem Edelmann), Fritz Truppe (Daniel, Hausknecht des Grafen von Moor), Lothar Blumhagen (Ein Pater).
Schiller-Theater, Berlin; Premiere: 21.10.90.

Weekend im Paradies
Von Franz Arnold und Ernst Bach.
Inszenierung: Günther Gerstner; Bühnenbild/Kostüme: Marcel Keller; Musik: Jon Marks Trio.
Darsteller: Joachim Bliese (Ministerialrat Breitenbach), Hans-Peter Korff (Oberregierungsrat von Giersdorf), Christian Grashof (Regierungsrat Dittchen), Joachim Schönfeld (Regierungsassessor Winkler), Katja Paryla (Adele Haubenschild, Landtagsabgeordnete), Katja Seibt (Hedwig, Dittchens Frau), *Katja Riemann* (Tutti), Walter Schmidinger (Lehmann), Friederike Wagner (Lore Dietrich, Stenotypistin), Walter Pfeil (Wuttke, Bürodiener), Fritz Truppe (Seidel, Kriminalwachtmeister), Karl-Ulrich Meves (Badrian), Christian Berkel (Brose, Besitzer des Hotels zum Paradies am Schnakensee), Horst Stenzel (Löffler, Portier, sein Schwager), Peter Ebert (Schmidt), Stefan Merki (Lilli), Ivan Gallardo (Deinhardt), Johanna Karl-Lory (Olli).
Schiller-Theater, Berlin; Premiere: 31.12.90.

Nacht
Von Reiner Groß.
Inszenierung: Alexander Lang; Bühnenbild/Kostüme: Caroline Neven DuMont; Gesangseinstudierung: Gert Müller.
Darsteller: Matthias Redlhammer (Lee), Christian Berkel (Luv), Herbert Rhom (Woytek), Friederike Wagner (Paula), Michael Maertens (Laye), Peter Ebert (Ober), Tobias Beyer (1. Mann/Afrika/Singhalese), Stefan Merki (2. Mann/Nordamerika), Christian Grashof (Moll), *Katja Riemann* (Frau/

Europa), Thomas Wolff (Mann/Asien/Tamile), Katja Paryla (Butikerin), Walter Schmidinger (Wolke), Guntbert Warns (Deimler), Maria Hartmann (Habiba), Bernhard Minetti (Penner).
Schiller-Theater, Berlin; Premiere: 7.4.91.

Die Ratten
Von Gerhart Hauptmann.
Inszenierung: Alfred Kirchner; Bühnenbild/Kostüme: Vincent Callara.
Darsteller: Erich Schellow (Harro Hassenreuter, ehemaliger Theaterdirektor), Heike Balzer (Seine Frau), Christina Graefe (Walburga, seine Tochter), Peter Matic (Pastor Spitta), Michael Maertens (Erich Spitta, Kandidat der Theologie, sein Sohn), Sabine Sinjen (Alice Rütterbusch, Schauspielerin), Joachim Schönfeld (Käferstein), Tobias Beyer (Dr. Kegel), Guntbert Warns (John, Maurerpolier), Angelica Domröse (Frau John), Wolfgang Pregler (Bruno Mechelke, ihr Bruder), Gunda Aurich (Pauline Piperkarcka), *Katja Riemann* (Frau Sidonie Knobbe), Susanna Simon (Selma, ihre Tochter), Jürgen Thormann (Quaquero, Hausmeister), Sabine Orleans (Frau Kielbacke), Horst Stenzel (Schutzmann Schierke).
Schiller-Theater, Berlin; Premiere: 18.12.91.

Preise

Telestar für *Sommer in Lesmona*
1988   Adolf-Grimme-Preis für *Sommer in Lesmona*
1990   Goldene Kamera für *Regina auf den Stufen* (beste Nachwuchsschauspielerin)
1992   Goldene Kamera für *Von Gewalt keine Rede*
        Bambi für *Der bewegte Mann*
1995   Bayerischer Filmpreis für *Abgeschminkt* und *Ein Mann für jede Tonart*
1997   Bayerischer Filmpreis für *Stadtgespräch* und *Nur über meine Leiche*
1997   Deutscher Filmpreis für *Stadtgespräch* und *Nur über meine Leiche*
1997   Ernst-Lubitsch-Preis

Bibliographie

Interviews/Porträts Katja Riemann:
Gerd Trutz in: *TV Hören und Sehen*, 2.9.88; Mattias Ziemann in: *Stern*, 30.9.89; Martina Petersen in: *BWZ Magazin*, 16.3.91; Karin von Faber in: *Hörzu*, 2.4.91; Martina Petersen in: *NRZ*, 14.1.92; Martina Petersen in: *prisma*, 25.1.94; Sybille Berg in: *Cosmopolitan*, Mai 95; Thomas Schuler in: *Süddeutsche Zeitung*, 16.10.93; *Der Spiegel*, 3.10.94; Michael Althen in: *Süddeutsche Zeitung*, 28.6.95; Monika Goetsch in: *Das Sonntagsblatt*, 7.7.95; Uwe Mies in: *Kölner Illustrierte* 9/95; Holger Kreitling in: *Der Tagesspiegel*, 14.9.95; *FAZ*-Magazin 22.9.95; Harald Pauli in: *Focus* 44/95; Thomas Krone in: *General-Anzeiger*, 18.11.95; Monika Mattes in: *Neues Deutschland*, 18.4.96; Sven Siedenberg in: *Rheinische Post*, 14.8.95; Sabine Stapper in: *Bild*, 18.4.96; Christine Kruttschnitt in: *Stern*, 18.4.96; Georg Seitz in: *Bunte*, 25.4.96; Juliane Rohr in: *Gala*, 24.10.97 (Interview zusammen mit Ingrid Noll); Gert Büllmann in: *Max*, August 97; Martina Hinz in: *Allegra*, Oktober 97 (Interview zusammen mit Ingrid Noll); chr in: *FAZ*-Magazin 2.10.97; die sterne in: *Prinz*, Juli 97; Katharina Dockhorn in: *epd-Film* 7/97; Steffi Graf in: *Max*, November 97.

Interviews mit Regisseuren und Schauspielern:
Nachweise für Zitate sind an der jeweiligen Textstelle vermerkt. Alle anderen zitierten Aussagen sind Gesprächen entnommen, die die Autorin 1997 und 1998 mit den Schauspielern und Regisseuren führte.
Die Zitate von Jasmin Tabatabai, Katja von Garnier, Nicolette Krebitz und Katja Riemann zu dem Film *Bandits* stammen aus Gesprächen, die Heiko R. Blum 1997 mit den Beteiligten führte.

Danksagung

Für ihre wunderbare Unterstützung danke ich vor allen Dingen Sigrid Schmitt und Jens Weber.

Außerdem danke ich für eine gute Zusammenarbeit: Pia Fietze, Bettina Woernle, Hans Noever, Theodor Kotulla, Denis Satin, Sefa Suvak (WDR), Wolfgang W. Werner (Pressebüro Werner), Frau Rittberger (Senator Film), Mechthild Holter (Player), Rita Bertemes (public affairs), Beate Mutschler (Kammerspiele München), Frau Baumbauer, Dr. Schirmer (Landesmuseum für Kultur und Geschichte, Berlin), Lisa Rheingans (WDR), Jürgen Ulbrich, Uli Wehner (polydor).

Register

191